Kick-off Nachhaltigkeit

Kick-off Nachhaltigkeit

Startschuss für die Entwicklung
einer Nachhaltigkeitsstrategie

@ 2022 Expense Reduction Analysts (DACH) GmbH

ISBN: 9783756839643

Herstellung und Verlag: BoD - Books on Demand, Norderstedt

Bibliografische Information der Deutschen Nationalbibliothek:
Die Deutsche Nationalbibliothek verzeichnet diese Publikation in der Deutschen Nationalbibliografie; detaillierte bibliografische Daten sind im Internet über dnb.dnb.de abrufbar.

Über Expense Reduction Analysts

Expense Reduction Analysts wurde 1992 gegründet und ist auf die dauerhafte Verbesserung der Wettbewerbsfähigkeit von mittelständischen Unternehmen, Einrichtungen der öffentlichen Hand und Non Profit Organisationen (NPO) spezialisiert. Mit mehr als 700 Partnern in über 40 Ländern unterstützt Expense Reduction Analysts seine Kunden mit einer umsetzungsorientierten Beratungsdienstleistung in den Feldern Sachkostenoptimierung, IT & Digitalisierung, Rohstoffeinkauf & Global Sourcing, Abgabenoptimierung (EEG, Berufsgenossenschaftsbeiträge), Personal & Zeitarbeit, Marketing, Mobility Management, Supply Chain Management, Produktions- und Prozesskosten, Fördermittelberatung sowie Unternehmensfinanzierung. Zudem betreibt Expense Reduction Analysts die eProcurement-Plattform iValue Solutions. In Deutschland, Österreich und der Schweiz hat Expense Reduction Analysts über 3.000 Kunden in produzierenden Unternehmen, Handel, Dienstleistung und Öffentlicher Hand. Weitere Informationen unter www.expensereduction.com

Inhalt

vii

Über dieses Buch

Nachhaltigkeit ist die Herausforderung des Jahrzehntes. Nur so können wir sicherstellen, dass auch zukünftige Generationen auf unserem Planeten sicher leben können. Jeder Einzelne von uns ist gefragt, seinen Anteil beizusteuern. Für Unternehmen trifft dies in einem besonderen Maße zu. Und Unternehmen spüren auch den Handlungsdruck, in diesem Bereich aktiv zu werden. Wenn nicht aus intrinsischen Motiven und ihrer gesellschaftlichen Verantwortung wegen – dann aus schlichtem Eigennutz. Schon heute ist Nachhaltigkeit ein Wettbewerbsfaktor. Kunden, Geldgeber, der Gesetzgeber wie auch die eigenen Mitarbeiter verlangen von Unternehmen ein nachhaltiges Wirtschaften.

Allerdings – viele Unternehmen haben noch einen weiten Weg vor sich. Eine Studie, die Expense Reduction Analysts zusammen mit dem Bundesverband Materialwirtschaft, Einkauf und Logistik unter über 200 Unternehmen in Deutschland, Österreich und der Schweiz 2022 durchgeführt hat zeigt, dass viele noch am Anfang stehen. So haben nur 37 Prozent der Unternehmen die ESG- (Environmental Social Governance)-Kriterien in ihrer Unternehmensstrategie verankert. Viele wollen dies demnächst tun. Gleichzeitig haben die aktuellen Rahmenbedingungen des Jahres 2022 die Prioritäten verändert. Momentan gilt für Unternehmen „das Dringende vor dem Wichtigen". Steigende Energie- und Rohstoffpreise wie auch Lieferengpässe haben Priorität vor dem Thema Nachhaltigkeit.

Nichtsdestotrotz ist und bleibt Nachhaltigkeit über die kommenden Jahre hinaus das Thema, mit dem sich alle Unternehmen beschäftigen müssen – ganz gleich, ob die Rahmenbedingungen gerade günstig sind oder nicht. Tun sie das, müssen sie sich mit weiteren Fragestellungen befassen. Zum einen – was heißt Nachhaltigkeit für mein Unternehmen? Wie will ich Nachhaltigkeit umsetzen? Welche Ansatzpunkte gibt es und wie können die ersten Schritte aussehen? Die oben angesprochene Studie hat dazu ganz klare

9

Aussagen. Gerade mittelständische Unternehmen suchen hier nach Orientierung. Bei Standards, Auditierungen und Prozessen fehlt es an Transparenz.

Mit diesem Buch richten wir uns vor allem an den Mittelstand. In den folgenden Beiträgen wollen wir Guidence schaffen, damit Unternehmen die ersten Schritte zu einem nachhaltigen Wirtschaften gehen können. Dabei gehen wir auf die Erstellung einer Nachhaltigkeitsstrategie ein, zeigen die Vorteile des Berichtsformates des Deutschen Nachhaltigkeitskodex und erläutern, wie Unternehmen ihren CO_2-Fußabdruck als Element der Nachhaltigkeitsstrategie ermitteln können. Ganz pragmatisch verdeutlichen wir in diesem Buch auch, wieso Nachhaltigkeit gerade in dem „War of Talents" essenziell wichtig ist und wie durch einen effizienteren Materialeinsatz in der Produktion Nachhaltigkeitssteigerungen erzielt werden. In diese Richtung geht es auch beim Bereich der Verpackung. Nicht alles, was nachhaltig aussieht, ist es auch.

Wir hoffen, dass wir Ihnen mit unseren Beiträgen einen wichtigen Input geben können, um Ihre Nachhaltigkeitsinitiativen erfolgreich voranzutreiben. Ganz herzlich bedanken möchten wir uns bei den Autoren des Buches. Ohne Eure Mithilfe wäre dieses nicht zustande gekommen.

Mit freundlichen Grüßen

Ihr Team von Expense Reduction Analysts

1. Kick-off Nachhaltigkeit – der Startschuss für die Entwicklung einer ganzheitlichen Nachhaltigkeitsstrategie

Thomas Brunner

Nachhaltigkeit – Was heißt das eigentlich?

Das Thema Nachhaltigkeit ist seit einigen Jahren ein großes Thema in der öffentlichen Diskussion und wird auch im Kontext der Wirtschaft ausführlich adressiert. Große Unternehmen stehen dabei schon lange im Fokus, aber auch mittelständische Unternehmen beschäftigen sich aus unterschiedlichen Gründen damit. Klimaschutzabkommen, Greta Thunberg, CO_2-Emissionen sind nur einige Stichworte, die in diesem Zusammenhang immer wieder präsent sind. So entsteht ein diffuses Begriffsverständnis, eine grobe Ahnung – aber Hand aufs Herz: Ist eigentlich jedem klar, was Nachhaltigkeit wirklich bedeutet? Ist es diese Klima- und Umweltdiskussion oder steckt mehr dahinter? Und was bedeutet es eigentlich für mein Unternehmen? Ist es eine Gefahr? Oder vielleicht eine Chance? Kostet es mich im Zweifel nur Geld?

Damit werden eine Menge Fragen aufgeworfen, mit denen natürlich auch viel Ungewissheit verbunden ist. In diesem Beitrag wollen wir ein wenig „Licht ins Dunkel" bringen und vor allem mittelständische Unternehmen dazu ermutigen, sich mit dem Thema der Nachhaltigkeit zu beschäftigen – zumindest einen ersten Schritt zu tun, um Unternehmen, Führungskräfte und Mitarbeiter zu sensibilisieren und informieren sowie eine Grundlage für eine nachhaltige Ausrichtung des Unternehmens zu schaffen. Denn eines steht fest – kein Unternehmen wird mittelfristig darum herumkommen sich mit Nachhaltigkeit zu beschäftigen und nichts kann schlimmer sein, als unter Handlungsdruck zu geraten und dann Geschäftsbeziehungen und Wettbewerbsfähigkeit zu riskieren.

In einem ersten Schritt ist es wichtig, den Begriff der Nachhaltigkeit und sein Spektrum zu kennen und daraus den Transfer zum Begriff der nachhaltigen Unternehmensführung herzustellen. Vielfach kann man immer feststellen, dass Nachhaltigkeit mit Klima- und Umweltschutz bzw. mit Fragen zu CO_2-Emissionen bzw. der Ermittlung und Reduzierung des CO_2-Footprints gleichgesetzt wird. Es ist wahrscheinlich nicht überraschend zu erkennen, dass dies eine dramatische Verkürzung und Einschränkung des Themenfeldes Nachhaltigkeit darstellt. Nachhaltigkeit ist deutlich mehr als nur die Fokussierung auf ökologische Themen!

Für die seriöse und angemessene Auseinandersetzung mit dem Begriff der Nachhaltigkeit ist es zielführend ein paar Jahrzehnte in die Vergangenheit zu reisen und zwei zentrale Definitionen kennenzulernen, aus denen die Kernidee des Begriffs sehr anschaulich abgeleitet wird.

Im Jahr 1987 hat die 1983 gegründete Weltkommission für Umwelt und Entwicklung der Vereinten Nationen unter Vorsitz des ehemaligen norwegischen Ministerpräsidenten Gro Harlem Brundtland den sogenannten Brundtland-Bericht „Our Common Future" veröffentlicht. Darin wird Folgendes definiert:

„Nachhaltige Entwicklung ist eine Entwicklung, die den Bedürfnissen der heutigen Generation entspricht, ohne die Möglichkeiten künftiger Generationen zu gefährden, ihre eigenen Bedürfnisse zu befriedigen."

Eine wertvolle Konkretisierung des in der Definition des Brundtland-Berichts enthaltenen Grundgedankens findet sich im Abschlussbericht der Enquete-Kommission des Deutschen Bundestages „Schutz des Menschen und der Umwelt – Ziele und Rahmenbedingungen einer nachhaltig zukunftsverträglichen Entwicklung" vom 26.06.1998:

„Nachhaltigkeit ist die Konzeption einer dauerhaft zukunfts-
fähigen Entwicklung der ökonomischen, ökologischen und
sozialen Dimension menschlicher Existenz. Diese drei Säulen
der Nachhaltigkeit stehen miteinander in Wechselwirkung
und bedürfen langfristig einer ausgewogenen Koordination."

Diese Definition zeigt nun eindeutig die Mehrdimensionalität des Nachhaltigkeitsbegriffs, wobei Ökologie lediglich eine (wenn auch sehr wichtige) Dimension darstellt. Eine sehr populäre und anschauliche Visualisierung dieser Definition gelingt über das sogenannte 3-Säulen-Modell der Nachhaltigkeit.

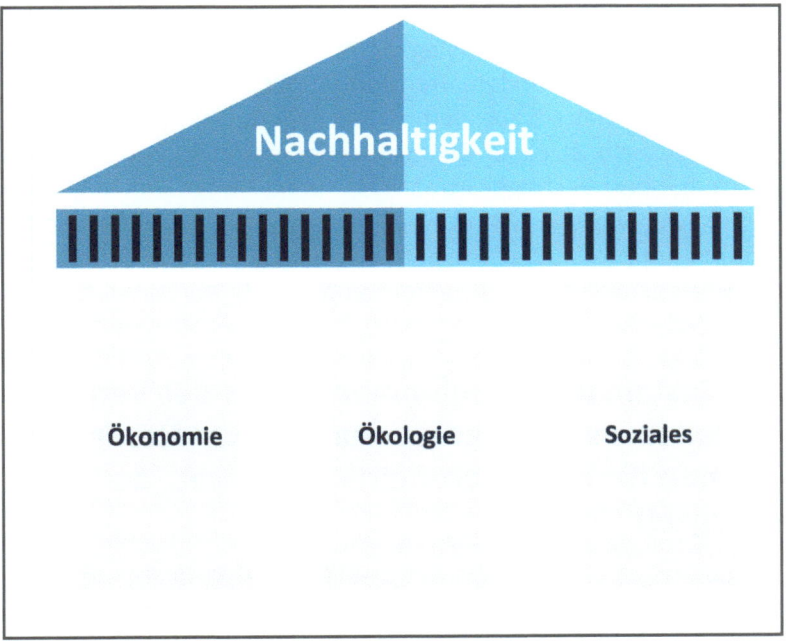

Abbildung 1: Das 3-*Säulen-Modell*

Ausgehend von diesem allgemeinen Nachhaltigkeitsbegriff kann man nun sehr leicht ableiten, was unternehmerische Nachhaltigkeit bedeutet und auf welche Themenfelder sich diese im Kontext eines ganzheitlichen Nachhaltigkeitsverständnisses erstreckt. In diesem Sinne impliziert unternehmerische Nachhaltigkeit ...

... eine bewusste strategische Ausrichtung des Unternehmens am Konzept der Nachhaltigkeit

... eine Integration der Säulen der Nachhaltigkeit in jegliche Facetten des unternehmerischen Handelns

..., dass Erfolg nicht nur in ökonomischer Hinsicht, sondern auch in ökologischer und sozialer Hinsicht gemessen wird.

Die bewusste Reflexion dieses Begriffsverständnisses zeigt, dass es sich bei der nachhaltigen Ausrichtung eines Unternehmens und bei der Integration der Nachhaltigkeit in die Unternehmensstrategie um einen tiefgreifenden Transformationsprozess handelt, der nicht „eben mal so aus dem Ärmel geschüttelt werden kann". Genau deshalb ist es so wichtig, schnell damit zu beginnen und sich zumindest wichtige Grundlagen zu erarbeiten. Im Folgenden stellen wir wichtige Schritte vor, die es auch mittelständischen Unternehmen erlauben, ressourcenschonend wichtige Grundlagen für eine nachhaltige Unternehmensführung zu erarbeiten.

Die Sustainable Development Goals der Vereinten Nationen als ein international anerkannter Bezugsrahmen für einen ganzheitlichen Ansatz der Nachhaltigkeit

Nachdem jetzt das Spektrum des Nachhaltigkeitsbegriffs aufgespannt ist, stellt sich natürlich die Frage nach dessen Operationalisierung bzw. der Ableitung von konkreten Zielen der Nachhaltigkeit. Auch hier gibt es unterschiedliche Ansätze aus sehr unterschiedlichen Perspektiven. Insgesamt scheint sich jedoch ein auch international anerkannter Bezugsrahmen so durchzusetzen, dass er Eingang in die verschiedensten Konzepte, Berichtsformate und auch Rating-Schemen findet. Im Jahr 2015 hat die Vollversammlung die 17 Sustainable Development Goals (SDG) verabschiedet, die sich wiederum in weiteren Subzielen konkretisieren.

Abbildung 2: 17 SDGs[1]

Die vorstehende Abbildung zeigt die auch visuell sehr bekannte und verbreitete Darstellung der 17 Ziele. Hier ist noch keine Clusterung in die im vorhergehenden Kapitel drei Säulen der Nachhaltigkeit vorgenommen, aber es ist deutlich erkennbar, dass sich die 17 Ziele jeweils einer der drei Säulen zuordnen lässt. Nachfolgend ist dies beispielhaft für einige Ziele vorgenommen:

- Ökonomische Ziele: z. B. SDG 8 „Menschenwürdige Arbeit und Wirtschaftswachstum" und SDG 9 „Industrie, Innovation und Infrastruktur"

- Ökologische Ziele: z. B. SDG 7 „Bezahlbare und saubere Energie" und SDG 13 „Maßnahmen zum Klimaschutz"

- Soziale Ziele: SDG 5 „Geschlechtergleichstellung" und SDG 10 „Weniger Ungleichheiten"

---

[1] https://www.un.org/sustainabledevelopment/
    "The content of this publication has not been approved by the United Nations and does not reflect the views of the United Nations or its officials or Member States".

Aus diesen Ausführungen wird sichtbar, dass sich die 17 SDG als hervorragender und anerkannter Bezugsrahmen für die Erarbeitung und Reflexion von individuellen Zielen unternehmerischer Nachhaltigkeit eignet. Sie finden auch in zahlreichen Leitfäden zur Berichterstattung über Nachhaltigkeit, wie z. B. im Deutschen Nachhaltigkeitskodex (DNK) oder der Win-Charta, Berücksichtigung.

„Begriffsdschungel" Nachhaltigkeit

Ein großes Problem des Themas Nachhaltigkeit ist, dass es eine Vielzahl an konkurrierenden, ähnlichen, aber doch nicht gleichen Begrifflichkeiten gibt, die oft mehr Verwirrung als Klarheit liefern. Eine umfassende Systematik würde den Umfang dieses Beitrages sprengen, aber eine grundlegende Orientierung wollen wir doch liefern.

Synonym verwendete Begriffe:

- CSR – Corporate Social Responsibility

- ESG – Environmental Social Governance

Gesetzlicher Rahmen:

- CSR-RUG: Bereits im HGB (seit 2017) umgesetzte Verpflichtung zur nicht-finanziellen Berichterstattung für Unternehmen ab einer bestimmten Größe und für kapitalmarktorientierte Unternehmen sowie Banken und Versicherungen. Aktuell sind von dieser Verpflichtung ca. 550 Unternehmen betroffen.

- CSRD (Corporate Sustainability Reporting Directive): Aktuell angestrebte Verschärfung der Verpflichtung zur Berichterstattung, wodurch dann ab dem 01.01.2024 ca. 15.000 Unternehmen unmittelbar betroffen sind.

Leitfäden zur Berichterstattung:

- ISO 26000: Leitfaden zur gesellschaftlichen Verantwortung von Organisationen, der das Spektrum der nachhaltigen Unternehmensführung sehr ausführlich aufzeigt.

- DNK: Deutscher Nachhaltigkeitskodex, Leitfaden zur Erstellung eines Nachhaltigkeitsberichts.

- GRI: Global Reporting Initiative, international anerkannter Leitfaden zur Berichterstattung, der auch z. B. im DNK Berücksichtigung findet.

Ratingformate:

- ECOVADIS: Privatwirtschaftlicher, kostenpflichtiger Fragebogen zum Rating der Nachhaltigkeitsaktivitäten eines Unternehmens. Häufig werden für Lieferanten Mindestscores als Voraussetzung für eine Geschäftsbeziehung definiert.

- SAQ (Self-Assessment-Questionnaire) der Automobilindustrie: branchenspezifischer Fragebogen zum Rating.

Wie bereits erwähnt, ist diese Systematisierung nicht annähernd vollständig, zeigt jedoch, dass es dringend nötig ist, den „Begriffsdschungel" zu sortieren und zu erarbeiten, welche Bezugsrahmen man sich als Unternehmen auswählt. Aufgrund der noch spärlichen gesetzlichen Regelung gibt es kein absolutes richtig oder falsch, gewisse Tendenzen sind jedoch erkennbar.

Warum müssen sich Unternehmen mit Nachhaltigkeit beschäftigen?

Nach der ersten Auseinandersetzung mit der Begriffswelt und -vielfalt stellt sich natürlich die Frage, warum sich Unternehmen mit dem Thema Nachhaltigkeit beschäftigen müssen (wir wählen hier bewusst diese eindeutige Formulierung, da wir der festen Überzeugung sind, dass dies für das Fortbestehen und Überleben von Unternehmen zumindest mittelfristig verpflichtend sein wird).

Ohne Anspruch auf Vollständigkeit sehen wir mindestens neun wichtige Gründe, warum sich Unternehmen mit Nachhaltigkeit beschäftigen und diese in ihre Unternehmensstrategie integrieren müssen:

- Unmittelbare gesetzliche Verpflichtung: Wie bereits erwähnt, besteht für größere Unternehmen bereits eine gesetzliche Verpflichtung zur Berichterstattung über ihre Aktivitäten im Kontext der Nachhaltigkeit (siehe HGB).

- Mittelbare gesetzliche Verpflichtung: Die Unternehmen, die Lieferanten von Unternehmen mit unmittelbarer gesetzlicher Verpflichtung sind, werden von diesen auch diesbezüglich in die Pflicht genommen, sodass sich auch kleinere Unternehmen einer Berichterstattung oder einem Rating nicht entziehen können.

- Nachhaltigkeit als Wettbewerbsvorteil bzw. Differenzierungskriterium: Zunehmend nutzen Unternehmen Nachhaltigkeit, um auch ihr Geschäftsmodell darüber zu definieren und ggfs. ein Alleinstellungsmerkmal zu etablieren (z. B. memo AG als nachhaltiger Büromateriallieferant).

- Überzeugung und Idealismus: Es gibt eine ganze Reihe von Unternehmern, die aus Idealismus und ihrer wahrgenommenen Verantwortung gegenüber künftigen Generationen ihr Unternehmen nachhaltig ausrichten möchten.

- Zugang zu Finanzierung: Zunehmend machen Banken und Investoren ihr Finanzierungsengagement von der nachhaltigen Ausrichtung des Antragstellers abhängig (s. a. ESG-Kriterien, EU-Taxonomie).

- Marketing: Nachhaltigkeit ist zunehmend ein hervorragendes Marketing-Tool und wird immer mehr auch zum Entscheidungskriterium der Abnehmer. Es ist jedoch Vorsicht geboten, nicht einem Greenwashing zu unterliegen.

- Nutzung von Fördermitteln: Die nachhaltige Ausrichtung (z. B. Erhöhung der Energieeffizienz) eröffnet Zugang zu teils attraktiven Fördermitteln von Bund und Ländern.

- Kostenoptimierung: Die Verfolgung nachhaltiger Ziele kann durchaus auch zu signifikanten Kostenreduzierungen führen. Allein die durch die aktuellen geopolitischen Rahmenbedingungen geprägten Energie- und auch Preisentwicklungen machen deutlich, dass z. B. energetische Sanierungen oder Umstellung auf Elektromobilität erhebliche Kostenreduzierungen mit sich bringen können.

- Attraktivität für Fachkräfte: Aktuell sind die Arbeitsmärkte durch einen nie da gewesenen Fachkräftemangel geprägt. Im Konkurrieren um diese knappen Ressourcen werden sich Fachkräfte und vor allem auch jüngere Generationen eher nachhaltig ausgerichteten Unternehmen anschließen.

Die nachfolgende Darstellung fasst die kurz umrissenen Gründe noch mal grafisch zusammen.

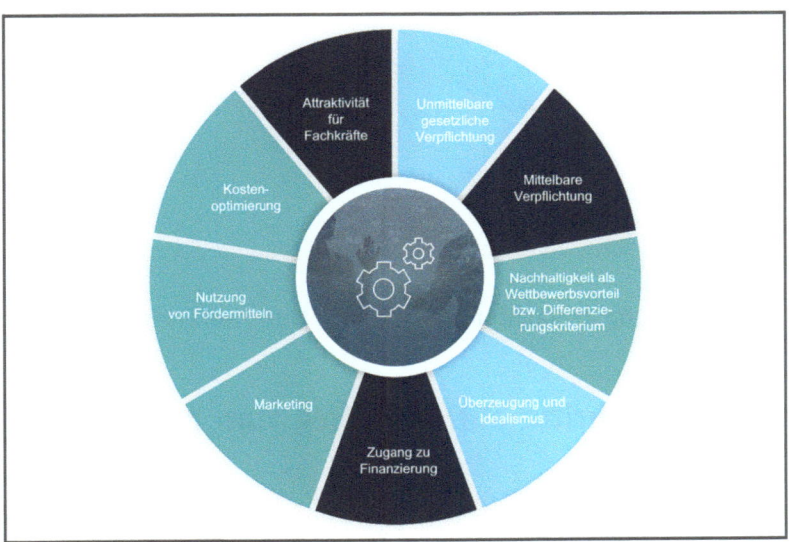

Abbildung 3: Gründe für Nachhaltigkeit

Der aktuelle Handlungsbedarf wird auch mit einem Blick auf die im Jahr 2022 vom Bundesverband Materialwirtschaft, Einkauf und Logistik und Expense Reduction Analysts durchgeführten Studie „Nachhaltigkeit im Einkauf" deutlich. Demnach haben 63 % der befragten Unternehmen Nachhaltigkeit noch nicht in ihre Unternehmensstrategie integriert, wobei sogar 31 % der befragten Unternehmen dafür noch gar kein Commitment zur Auseinandersetzung mit Nachhaltigkeit entwickelt haben.

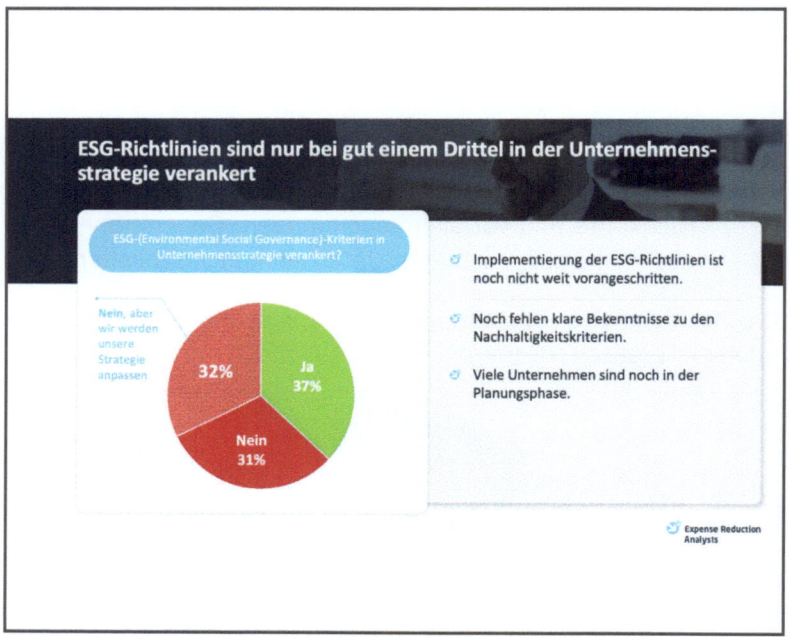

Abbildung 4: Nachhaltigkeit in der Unternehmensstrategie

Robuste Schritte auf dem Weg zum nachhaltigen Unternehmen

Die vorstehenden Ausführungen zeigen deutlich, dass auch mittelständische Unternehmen auf Sicht Nachhaltigkeit in ihre Unternehmensstrategie integrieren müssen, wenn sie ihre

Wettbewerbsfähigkeit und sogar ihr Überleben sicherstellen möchten. Da eine Umsetzung einen nicht unerheblichen Aufwand darstellt und für manche Unternehmen sehr schnell Handlungsdruck entstehen kann, empfehlen wir dringend ein proaktives Vorgehen. Wir vertreten die Auffassung, dass das Abarbeiten einer Sequenz von „robusten Schritten" auf dem Weg zu einer Nachhaltigkeitsstrategie äußerst lohnend und zielführend ist und relativ ressourcenschonend bewältigt werden kann. Robuste Schritte sind dabei solche Aktivitäten, die in jedem Fall, also unabhängig davon auf welchen Weg zur Nachhaltigkeit das Unternehmen sich letztlich begibt, Bestandteil einer „guten Lösung" und insofern niemals umsonst sind. Damit ist eine grundlegende Sensibilisierung von Führungskräften und Mitarbeitern gewährleistet und die ersten Leitplanken der Nachhaltigkeit sind definiert. Somit sind dann auch im Falle einer kurzfristigen Rating-Anfrage eines wichtigen Lieferanten grundlegende Basisaktivitäten und Dokumente nachweisbar, die zu einem akzeptablen Rating führen können.

„Jede große Reise, auch der weite Weg von 1.000 Meilen, beginnt mit dem ersten Schritt." (Laotse)

Als sehr hilfreich hat sich dabei eine Art „Kick-off-Nachhaltigkeit" bewährt. Dabei wird in einer Sequenz überschaubarer Schritte (z. B. Workshops) mit unterschiedlichem Teilnehmerkreis eine Basis für eine Roadmap zur Entwicklung einer Nachhaltigkeitsstrategie und die sich anschließende Transformation mit einem begleitenden Change-Management gelegt. Durch die kleinen Workshop-Module mit einer Dauer von ca. 2-3 Stunden ist auch gewährleistet, dass die Organisation auch kleinerer mittelständischer Unternehmen nicht überfordert wird. Wichtig beim Kick-off-Nachhaltigkeit, wie übrigens auch bei einer ersten Berichterstattung, ist nicht darzustellen, dass das Unternehmen in Bezug auf Nachhaltigkeit bereits sehr weit ist. Es geht vielmehr darum, den Ist-Zustand korrekt darzustellen, um dann zu definieren, wo das Unternehmen hin möchte.

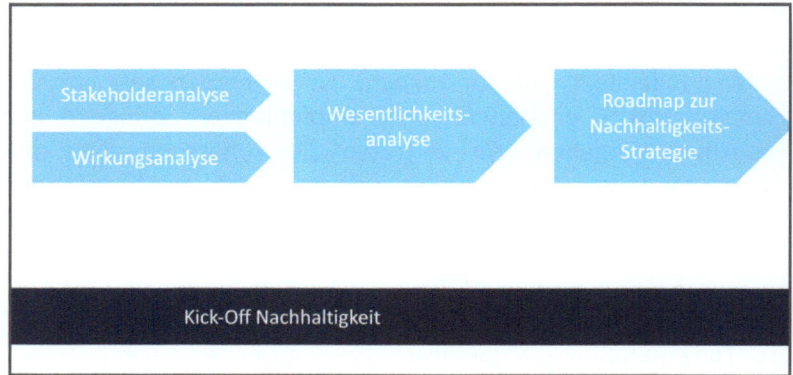

Abbildung 5: Prozess Kick-off-Nachhaltigkeit

In den folgenden Abschnitten werden die einzelnen Schritte auf dem Weg zu einer Roadmap für eine Nachhaltigkeitsstrategie kurz skizziert, sodass ein erster Eindruck über Aufbau und Inhalt der einzelnen Einheiten entsteht.

Dokumentenanalyse als erster Schritt zu Erfassung des Status quo

Bei der Dokumentenanalyse geht es im ersten Schritt darum, alle Dokumente, Berichte und Veröffentlichungen eines Unternehmens zusammenzustellen, die bereits einen Bezug zu Nachhaltigkeit haben und insofern dazu beitragen, darzustellen, wo sich das Unternehmen diesbezüglich bereits befindet. Folgende Informationen und Dokumentationen von Aktivitäten können dabei infrage kommen und wichtige Informationen enthalten:

- Wo steht das Unternehmen in Bezug auf Nachhaltigkeit? Welche Aktivitäten wurden schon formuliert oder formiert?

- Beantwortung der Frage, wo die Geschäftsführung in Bezug auf Nachhaltigkeit hinmöchte, ggfs. über erste grobe Interviews.

- Analyse der formulierten Unternehmensstrategie.
- Auswertung des „Code of Conduct".
- Einsatz von einfachen Fragebögen zum Reifegrad Nachhaltigkeit, ggfs. Abarbeiten von einfachen Checklisten.
- Auswertung von Prozessdokumenten (ISO 9001: Qualitätsmanagement, ISO 14001: Umweltmanagement, ISO 50001: Energiemanagement, usw.).
- Darstellung auf der Website zu Nachhaltigkeit, Inhalte sonstiger Unternehmenskommunikation, …

Wirkungsanalyse

Ein erster durchzuführender Workshop beschäftigt sich mit der sogenannten Wirkungsanalyse. In diesem Schritt ist es wichtig, die Geschäftsführung zu integrieren, da einerseits damit ein Signal und Commitment über die Ernsthaftigkeit des Projekts in die Organisation getragen wird und andererseits grundlegende und strategisch relevante Diskussionen geführt und Festlegungen getroffen werden.

Für eine aussagekräftige Wirkungsanalyse sind folgende Bausteine wichtig:

- *Zielsystem zu Nachhaltigkeit:* Das Unternehmen sollte einen Bezugsrahmen zu Nachhaltigkeit wählen und sich mit dessen Inhalten und Bedeutungen vertraut machen, sodass ein erstes Verstehen erzielt wird. Sehr gut geeignet sind hierbei sicher die SDG der Vereinten Nationen, da diese sehr deutlich formuliert und über Unterziele auch konkretisiert sind. Das Zielsystem wird einerseits dazu benötigt, Ziele auszuwählen und zu priorisieren und andererseits das aktuelle Handeln des Unternehmens vor dem Hintergrund dieser Ziele zu reflektieren.

- **Darstellung der Wertekette des Unternehmens:** Wenn nicht bereits vorhanden, sollte der Wertschöpfungsprozess des Unternehmens, ggfs. bestehend aus Primär- und unterstützenden Aktivitäten, in den wichtigsten Schritten, jedoch nicht zu detailliert dargestellt werden. Damit wird es möglich, die Wirkung des Unternehmens auf verschiedene Ziele der Nachhaltigkeit in den unterschiedlichen Wertschöpfungsstufen zu reflektieren.

- **Identifikation von KPIs für einzelne Nachhaltigkeitsziele:** Über KPIs zu verschiedene Nachhaltigkeitszielen, z. B. CO_2-Emission, Wasserverbrauch, Ausbildungsquote, kann die Wirkung des Unternehmens auf die Ziele der Nachhaltigkeit erstmalig zumindest grob quantifiziert und damit einigermaßen objektiv bewertet werden.

Im Workshop zu Wirkungsanalyse geht es nun darum, die eben geschilderten Bausteine zusammenzufügen und somit ein sehr wertvolles Bild des Unternehmens zu erlangen. Dabei steht natürlich das Thema Nachhaltigkeit im Fokus, dennoch führt die Reflexion mit hoher Wahrscheinlichkeit auch zu einer darüber hinausgehenden Identifikation von Chancen oder Risiken. Wichtig ist, dass in der Diskussion eine kontinuierliche Reflexion der Unternehmensaktivitäten im Abgleich mit dem Zielsystem zur Nachhaltigkeit (z. B. SDG) erfolgt und sowohl positive als auch negative Wirkungen identifiziert und dokumentiert werden. Über die Reflexion und ständige Interaktion mit dem Zielsystem kommt es auch zu einer Auswahl der für das Unternehmen wichtigen bzw. relevanten Ziele, da je nach Branche und Unternehmenstyp natürlich nicht alle Ziele von Bedeutung sein können.

Die nachfolgende Grafik stellt den eben beschriebenen iterativen Prozess noch mal anschaulich und im Überblick dar.

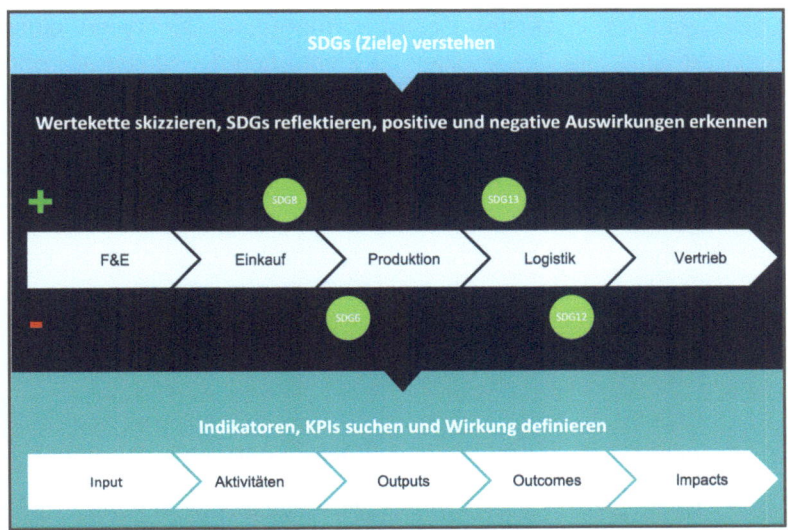

Abbildung 6: Wirkungsanalyse

Stakeholderanalyse

Ein wichtiger Schritt bei der Auseinandersetzung mit Nachhaltigkeit ist die Identifikation und Integration der Stakeholder. Die Stakeholderanalyse ist grundsätzlich aus vielen anderen Bereichen der Analyse von Unternehmen bekannt, dennoch ist es zielführend, hier einige Besonderheiten hervorzuheben. Im Zusammenhang mit Nachhaltigkeit sind zwei Aspekte essenziell – der Stakeholderbegriff ist sehr weit zu fassen (auch über die Unternehmensgrenzen hinaus) und es geht darum, einen bewussten und aktiven Dialog mit wichtigen Stakeholdern systematisch zu etablieren. Sehr wertvolle Hinweise zur nachhaltigkeitsbezogenen Stakeholderanalyse finden sich in der ISO 26000:

> *„Anspruchsgruppen zu identifizieren und einzubinden, ist für die Wahrnehmung gesellschaftlicher Verantwortung von zentraler Bedeutung. Eine Organisation sollte feststellen, wer ein Interesse an ihren Entscheidungen und Aktivitäten haben könnte, um zu verstehen, welche Auswirkungen diese haben und wie mit ihnen umzugehen ist."*

Dabei geht es im ersten Schritt darum z. B. im Wege eines Brainstormings alle Stakeholder zu identifizieren – innerhalb und außerhalb der Organisation. Dabei ist der Scope sehr weit zu fassen und Stakeholder können auch ein System sein, welches in einer „klassischen" Analyse keine Rolle spielen würde, wie z. B. das Ökosystem, Flüsse, etc.

Da mit hoher Wahrscheinlichkeit die Anzahl der Stakeholder zu groß sein wird, als dass sich das Unternehmen mit allen Gruppen mit gleicher Intensität auseinandersetzen kann, ist eine Priorisierung vorzunehmen. Dies kann über das Tool der Stakeholdermatrix geschehen. Dabei werden alle Stakeholder nach zwei Dimensionen bewertet:

- Einfluss des Stakeholders auf das eigene Unternehmen.

- Chancen und Risiken in Bezug auf die eigene Organisation.

Die Positionierung der Stakeholder in der sich durch die beiden Dimensionen ergebenden Matrix führt zu einer Priorisierung, aus der sich die Intensität der Betreuung ableiten lässt.

Im Kontext der Nachhaltigkeit ist es wichtig, Stakeholder nicht nur zu identifizieren, sondern mit ihnen in einen bewussten Dialog zu treten. Dies kann beispielsweise über Fragebögen, Verbandsaktivitäten, Durchführung von Fokusgruppen oder auch Mitarbeiterbefragungen geschehen. Dieser aktive Dialog wird explizit auch in der ISO 26000 empfohlen und angeregt.

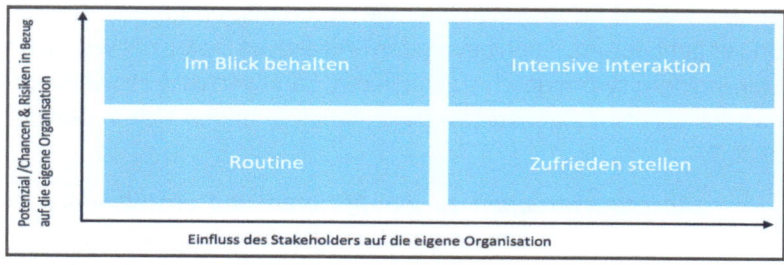

Abbildung 7: Stakeholder-Matrix[2]

[2]   In Anlehnung an Apaoja, Haapasalo (2014), "A Framework for Stakeholder Identification and Classification in Construction Projects", Open Journal of Business and Management, January 2014, https://www.researchgate.net/figure/The-stakeholder-impact-probability-matrix-Olander-2007_fig2_270850112

Wesentlichkeitsanalyse

Die Durchführung von Workshops zu Wirkungs- und Stakeholderanalyse liefert nun eine große Menge an Informationen und Erkenntnissen über die eigene Organisation, ihr Umfeld sowie ihre Anspruchsgruppen im Kontext der Nachhaltigkeit. Es ist naheliegend, dass nicht allen Impulsen gleichermaßen nachgegangen werden kann, und es ist auch nicht die Erwartungshaltung z. B. für die Erstellung eines Nachhaltigkeitsberichts. Die Leitlinien zur Auseinandersetzung mit Nachhaltigkeit (z. B. von GRI) sehen ausdrücklich eine Identifikation und Priorisierung der wesentlichen Themen vor. Dies geschieht im Rahmen der sogenannten Wesentlichkeitsanalyse. Hierbei werden die im Rahmen der vorhergehenden Schritte erarbeiteten Themen auch anhand von zwei Dimensionen im Kontext der Nachhaltigkeit bewertet:

- Bewertung aus Sicht der Organisation hinsichtlich der Erheblichkeit ökonomischer, ökologischer und sozialer Auswirkungen der unternehmerischen Tätigkeit.

- Bewertung aus Sicht der Stakeholder auf ihre Beurteilung und Entscheidung.

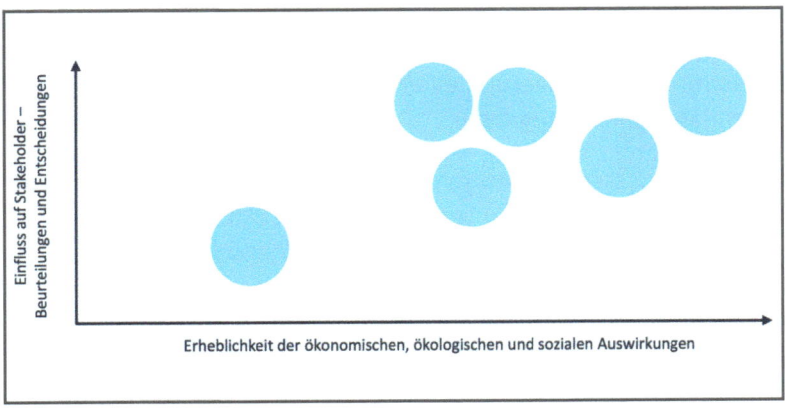

Abbildung 8: Wesentlichkeitsanalyse

Als Ergebnis dieses zusammenführenden Analyseschrittes ergeben sich die Themen im Zusammenhang mit Nachhaltigkeit, die für das Unternehmen vor dem Hintergrund des eigenen Selbstverständnisses und in Bezug auf Chancen und Risiken im Kontext ihrer internen und externen Stakeholder von besonderer Bedeutung sind. Im Sinne der Auseinandersetzung mit Nachhaltigkeit ist es völlig in Ordnung, die übrigen Themen zunächst zurückzustellen oder mit einer geringeren Priorität zu versehen. Wichtig ist dabei, dass diese Themen identifiziert wurden, der Organisation bewusst sind und folglich begründet und erklärbar – zumindest zu diesem Zeitpunkt – hinter den wesentlichen Themen zurückstehen. Dies steht im Übrigen auch in Analogie zu der im Zusammenhang mit Nachhaltigkeitsberichterstattung (z. B. DNK) immer wieder zitierten Maxime „comply or explain". Nichts wird vergessen, vielmehr wird priorisiert.

Roadmap zur Nachhaltigkeitsstrategie

Im Rahmen des Kick-off-Nachhaltigkeit bietet sich nun eine abschließende Runde unter Beteiligung der Geschäftsführung an, in der die Ergebnisse der vorstehenden Analyseschritte reflektiert und verifiziert werden. Die Wesentlichkeitsanalyse mit den in der Matrix positionierten Themen stellt dabei eine hervorragende Basis für die Formulierung einer Roadmap zur Ausarbeitung einer Nachhaltigkeitsstrategie dar.

Zusammenfassend hat man nach den hier beschriebenen Analyseschritten, die unter Einsatz der skizzierten Tools und Methoden sehr effizient und ressourcenschonend durchgeführt werden können, folgende Erkenntnisse im Kontext der Nachhaltigkeit gewonnen:

- Identifikation von Stakeholdern

- Reflexion von Zielen, Wirkung der Organisation auf Handlungsfelder der Nachhaltigkeit

- Ermittlung wesentlicher Themen

- Priorisierung von Teilprojekten

Neben der Schaffung eines ersten Bewusstseins und einer ersten Standortbestimmung hinsichtlich der Nachhaltigkeit erfolgt in den beschriebenen Analyseschritten eine sehr umfassende und bewusste Reflexion wichtiger Unternehmensaktivitäten, die gerade im Mittelstand mit hoher Wahrscheinlichkeit zu wichtigen Erkenntnissen und Einsichten über das eigene Unternehmen führt. Insgesamt entsteht dadurch ein mehrdimensionaler Mehrwert und das Unternehmen kann nicht mehr unvorbereitet mit Themen der Nachhaltigkeit konfrontiert werden.

Ausblick

So wertvoll das beschriebene Kick-off Nachhaltigkeit ist – es ist nicht das Ende der Auseinandersetzung mit Nachhaltigkeit, sondern vielmehr tatsächlich erst der Beginn und somit die ersten Schritte. Durch die eingangs dargestellten Begriffsdefinitionen und die kurze Einführung der 17 SDG ist sicher die Komplexität des Themenfeldes bewusst geworden. Eine seriöse nachhaltige Unternehmensführung kann nur erreicht werden, wenn Führungskräfte und Mitarbeiter Nachhaltigkeit verinnerlicht haben und zum Maßstab ihres Handelns machen. Darüber hinaus müssen auch Strukturen und Prozesse entsprechend angepasst werden (z. B. ISO 9001). Es ist naheliegend, dass hierfür ein bewusster Transformationsprozess mit entsprechenden Weiterbildungs- und Trainingsmaßnahmen erforderlich ist, der selbstverständlich auch durch ein systematisches und professionelles Change-Management begleitet werden muss.

Nachhaltigkeit geht uns alle an und wir sind der Überzeugung, dass Organisation mittel- und langfristig nur überleben werden, wenn sie Nachhaltigkeit in ihrer Unternehmensstrategie, Struktur und Kultur angemessen integrieren werden.

„Es gibt nichts Gutes. Außer man tut es." (Erich Kästner)

2. ISO 26000: Überblick und Vollständigkeit der Maßnahmen

Harald Meyer

Es gibt eine Fülle von Vorschriften, die im Rahmen des Spektrums von Nachhaltigkeit existieren und je nach Unternehmen und Geschäftstätigkeit zu berücksichtigen sind. Die ISO 26000 hat sich erklärtermaßen zum Ziel gesetzt, im Kontext gesellschaftlicher Verantwortung für Organisationen einen Leitfaden zur Verfügung zu stellen. Dabei ist es ausdrücklich vorgesehen, ein breites Spektrum auszuleuchten, sodass ökologische, rechtliche, soziale, politische, kulturelle, organisatorische Vielfalt wie auch wirtschaftliche Rahmenbedingungen vom Grundsatz her berührt werden.

Mit einem solchen Leitfaden für eine Gesamtvorgehensweise und die dauerhafte Verankerung und Fortentwicklung im Unternehmen ist es sehr viel leichter, die Thematik rasch zu delegieren und effizient zu steuern sowie eine konsistente und glaubwürdige Berichterstattung zu unterhalten.

Damit unterstützt sie Unternehmen darin, einen Beitrag zur nachhaltigen Entwicklung zu leisten.

Die ISO 26000 bietet allerdings derzeit keine Zertifizierung an. Sie ist insofern zunächst einmal ein Hilfsmittel für das Unternehmen selbst, einem standardisierten, erfahrungsbasierten Vorgehen zu folgen. Dennoch kann sie beispielsweise im internationalen Geschäftsverkehr Erwähnung finden, wenn die ISO 26000 im Haus verwendet wird und insofern eine bessere Verständigung über die Einhaltung und den Umgang mit den WTO-Kriterien erfolgt.

Die Funktion als Leitfaden halten wir dennoch für wertvoll, sodass die Verwendung der ISO 26000 auf absehbare Zeit im

Regelfall empfehlenswert erscheint, zumal davon auszugehen ist, dass auch die ISO 26000 mit künftigen Veränderungen der Nachhaltigkeitsregulatorik Schritt halten wird. Eine von der methodischen Grundausrichtung vergleichbare Norm ist die ISO 10011, die ebenfalls „nur" ein Leitfaden ist und dennoch effektiv beim Aufbau eines Auditmanagementsystems unterstützt.

Die im Bild dargestellten Nachhaltigkeitentwicklungsziele (englische Abkürzung SDGs) der Vereinten Nationen werden durch die Systematik der ISO 26000, gerade im Bereich der sozialen Verantwortung, sehr gut unterstützt. Wenn man bedenkt, dass diese Nachhaltigkeitsentwicklungsziele für viele weitere Normen und Verordnungen die Grundlage bilden, so zeigt sich der Nutzen, der sich aus der Anwendung der ISO 26000 ergibt.

Vorgehen

Zunächst einmal gehören zur Verantwortung der Organisation die **Klärung der Begrifflichkeiten** und die grundsätzliche **ethische Perspektive**, mit der die Organisation auf die Themen und ihre Verpflichtungen und Möglichkeiten blickt.

Anforderungen an das Unternehmen

Um Verantwortung zu klären, muss herausgefunden werden, wer – neben den Verordnern jeweils bestehender Einzelvorschriften (zum Beispiel Europäische Union) – oder welche Gruppierungen dieser Verantwortung eine Bedeutung beimessen. Einige dieser Gruppen stehen dem Unternehmen sehr nahe (zum Beispiel Arbeitnehmer) und es gibt Gruppen, die es möglicherweise gar nicht kennt (zum Beispiel NGOs). Sie alle gehören zur Gesellschaft, die es zu betrachten gilt.

Es ist wichtig, diese Gruppierungen zu identifizieren, da andernfalls die gesellschaftliche Verantwortung nur unzureichend verortet werden und das Unternehmen seine Ressourcen nicht effizient einsetzen kann. Ebenso wichtig ist eine genaue Betrachtung und Analyse dieser Gruppierungen hinsichtlich ihrer Absichten und Zielsetzungen sowie letztendlich ihrer Anforderungen an das Unternehmen.

Im Rahmen dieser Analyse ist zu klären, wie sich das Unternehmen zur Interessenlage der jeweiligen Gruppe stellt und wie demzufolge mit den Ansprüchen der Gruppe umzugehen ist.

Handlungsfelder

Eine große Hilfestellung bietet die ISO 26000 durch ihren fundamentalen Verweis auf Kernthemen. Entlang dieser muss auf jeden Fall eine Maßnahmenabdeckung zur Übernahme von Verantwortung sichergestellt werden. Andererseits ist es gerade hier Aufgabe des Unternehmens, innerhalb jedes Kernthemas die möglichen Handlungsfelder hinsichtlich ihrer Relevanz und möglichen Gewichtung korrekt entsprechend der verfügbaren Ressourcen und des Geschäftsmodells zu bewerten. Hierbei liegt ein wesentlicher Stellhebel, um eine schlagkräftige Nachhaltigkeitsorganisation mit wirtschaftlichem Ressourceneinsatz zu begründen. Beispielsweise kommt zum Tragen, welche Interessengruppen mit welchem Gewicht bestimmte Handlungsfelder bedingen. Weiterhin sind geeignete Nutzenkategorien zu betrachten und zu bemessen, zum Beispiel Innovationsimpulse, Unterstützung des Risikomanagements oder Reputationseffekte.

Wesentlichkeit

Über die Klärung des Einflussbereichs der Organisation – nicht zuletzt im Verhältnis zu möglichen Investitions- und Betriebskosten – kann definiert werden, in welchen Handlungsschwerpunkten entlang einer Zeitfolge Themen der Nachhaltigkeit adressiert werden sollten. Idealerweise kann bei vielen dieser Handlungsfelder bereits auf ein bestehendes Fundament aufgesetzt werden. Die Priorisierung und klare Erkennung von Wesentlichkeiten ist

Voraussetzung, um eine gute Nutzen-/Kosten-Relation erzielen zu können.

Aufstellung

Mit den erläuterten analytischen Maßnahmen klärt das Unternehmen seine grundsätzliche Zielsetzung im Kontext der Nachhaltigkeit ab und kann dies auch in der Strategie verankern. Operativ können Schritte zur Umsetzung der Nachhaltigkeitselemente initiiert werden, wobei es einerseits als Fundament um eine Bestandsaufnahme der bestehenden Nachhaltigkeitselemente der Organisation gehen sollte und andererseits um den Aufbau neuer Elemente wo nötig. Ziel sollte es weiterhin sein, die Nachhaltigkeit als ein fortwährendes Thema zu inkorporieren, beispielsweise durch ein Nachhaltigkeitsmanagementsystem, das interne Berichts- und Moderationsformate enthält. Hier bietet sich die Koordination und Nutzung mit inhaltlichen oder methodischen Schnittmengen mit bestehenden ISO-Managementsystemen an, beispielsweise ISO 9001 oder ISO 14001, als „vertiefende" Norm auch die ISO 20400.

Umgekehrt ist es im Regelfall auch sehr zu empfehlen, dass Nachhaltigkeit nicht als „betriebliche Parallelwelt" aufgesetzt wird. Wenn demnach etwa zu Umwelt- oder Arbeitsschutz bereits ein Managementsystem und ein Berichtswesen existieren, macht es meist Sinn, die Aufstellung hinsichtlich Nachhaltigkeit integrierend zu implementieren.

Berichtswesen und Ausblick

Nach außen hin bietet es sich an, nach einem der gängigen Berichtsformate eine Nachhaltigkeitsberichterstattung zu pflegen, die aus einem vitalen Nachhaltigkeitsmanagementsystem nahtlos gespeist werden kann. Wir erwarten, dass durch die Verwendung der ISO 26000 – auch abseits einer Zertifizierung – Sicherheit und Vertrauen bei externen Anspruchsgruppen gesteigert wird.

Speziell sei auch auf den Wirtschaftsprüfer verwiesen, der beispielsweise den Lagebericht beurteilen wird; abhängig von der weiteren Ausgestaltung der Nachhaltigkeitsregulatorik könnte der Wirtschaftsprüfer eventuell künftig auch eine größere Rolle in der Nachhaltigkeitsberichterstattung spielen. Zu erwähnen sei auch die Innenrevision, die im Rahmen der Entwicklung von Prüfungsstandards ebenfalls vom Einsatz der ISO 26000 durch die Möglichkeit einer zeitsparenden und strukturierten Vorgehensweise profitiert.

Sofern auf eine Zertifizierung Wert gelegt wird, kann individuell ausgearbeitet werden, unter welcher Obhut eines zertifizierbaren Formats bestimmte Elemente der Nachhaltigkeitsorganisation mit eingebracht werden können. Neben ISO-Normen kommt auch IQNet SR 10 in Frage, wobei jeweils genau auf die Einschränkungen zu achten ist. Es muss daher klar definiert sein, was Sinn und Zweck der Zertifizierung ist, um so dann zu ermitteln, ob die partiellen Effekte durch Anwendung anderer Zertifizierungen hierbei dienlich sein können.

Insgesamt sind wir der Ansicht, dass Unternehmen mithilfe der ISO 26000 strukturiert, darin unterstützt werden, Nachhaltigkeit behutsam, umfassend und geschäftsmodellspezifisch zu realisieren und hierbei unter Umständen auch Wettbewerbsvorteile zu erzielen.

3. Das Berichtsformat Deutscher Nachhaltigkeitskodex

Claus Eberling

Warum ist Nachhaltigkeit so wichtig?

Seit der Veröffentlichung des Berichtes „Die Grenzen des Wachstums" im Jahr 1972 des Club of Rome müssten wir alle wissen, dass wir bewusster mit unserer Erde und ihren Ressourcen umgehen müssen. In den letzten Jahren zeigen uns die Unwetter, die schmelzenden Gletscher, die trockenen Sommer in Mitteleuropa, dass sich unser Klima wandelt. Bereits seit 1961 berechnet das Global Footprint Network mit dem „Earth Overshoot Day", den Tag im Jahr, ab dem alle Menschen[1] auf der Erde mehr Ressourcen verbraucht haben, als für ein ganzes Jahr reichen sollte. Noch nie fiel dieser Tag auf so ein frühes Datum wie im Jahr 2022: der 28. Juli. Es wurde schon viel geändert, aber die bisherigen Schritte reichen bei Weitem noch nicht aus.

All dies zeigt auf, dass alle Organisationen und nicht nur die Unternehmen, welche ihre gesellschaftliche Verantwortung übernehmen, zur nachhaltigen Entwicklung beitragen müssen[2]. Dabei unterliegt die gesellschaftliche Verantwortung großen Veränderungen. In früheren Jahrhunderten musste das Überleben durch Nahrungsmittelversorgung, sichere Unterbringung, Hygiene etc. sichergestellt werden. Mit der Industrialisierung

---

[1] Bzgl. der gendergerechten Sprache in diesem Text: Alle Menschen egal welcher Hautfarbe, Geschlecht, sexueller Orientierung oder Herkunft sind gleich, dies ist ein Grundsatz des Autors Claus Eberling. Aus Gründen der besseren Lesbarkeit wird eine einheitliche Form verwendet, es sind aber alle Menschen damit gemeint.

[2] Leitfaden zur gesellschaftlichen Verantwortung (ISO 26000:2010); Deutsche Fassung EN ISO 26000:2020

kamen viele soziale Maßnahmen wie Arbeitslosen-, Kranken- und Rentenversicherung hinzu. In den letzten Dekaden sind weitere Themen wie die Menschenrechte, Umweltaspekte, Konsumentenschutz und Bekämpfung von Betrug und Korruption von gesellschaftlichen Gruppen und der Politik adressiert worden.

In den letzten Jahren gab es neue und stärkere Einflüsse auf die globale Entwicklung, beispielhaft sollen genannt sein: Globalisierung mit weltweiter Arbeitsteilung, weiteres Bevölkerungswachstum, Hungersnöte, Finanzkrise, Corona-Pandemie, Verteilungskämpfe um Wasserressourcen und Rohstoffe etc. Auf der anderen Seite wächst die Welt durch die erhöhte, weltweite Mobilität und neue, digitale Kommunikationswege zusammen. Es wird eine nie da gewesene Menge an Daten mit großer Geschwindigkeit ausgetauscht und es werden unglaublich viele Adressaten in kürzester Zeit erreicht.

Diese massiven Veränderungen und Krisen zeigen uns, dass alle gesellschaftlichen Gruppen und Akteure ihre Verantwortung wahrnehmen müssen. Weiterhin werden heute alle Organisationen viel stärker von Konsumenten, Kunden, Spendern, Investoren und Eigentümern beeinflusst. Wie gehen wir, wie gehen die Organisationen mit dieser gesellschaftlich notwendigen Verantwortung um?

In meinem Studium der Ökonomie während der zweiten Hälfte der 80'er Jahre habe ich gelernt, dass das wichtigste Unternehmensziel die Erhaltung des Unternehmens und deren Weiterentwicklung als Basis für die Zukunft ist und dafür als Unterziel die Gewinnmaximierung herangezogen wird. Auch damals wurden bereits weitere Ziele im Rahmen der gesellschaftlichen Verantwortung von uns diskutiert und es gab erste Theorien diese weiteren Ziele in der Unternehmensplanung zu berücksichtigen.

Mit dem 3-Säulen-Modell wird die gesellschaftliche Verantwortung der Nachhaltigkeit auf eine sehr breite Basis gestellt und dabei sehr gut umsetzbar und nachvollziehbar [siehe Kapitel *Nachhaltigkeit*

– Was heißt das eigentlich?].[3] Es geht nicht darum, nur eine Säule zu optimieren, z. B. die ökonomische Säule mittels der Gewinnmaximierung. Nein, es sollen alle drei Säulen gleichzeitig und im Gleichklang optimiert werden, sodass das Dach des Gebäudes „die Nachhaltigkeit" von allen drei Säulen gleichmäßig getragen wird: Ökonomie plus Ökologie plus Soziales.

Hinter den Säulen befinden sich viele Kriterien, welche geprüft und weiterentwickelt werden sollen, um der nachhaltigen Verantwortung gerecht zu werden.

Dies zeigt sich auch in der 2015 von der Weltgemeinschaft verabschiedeten Agenda 2030, um ein menschenwürdiges Leben für alle zu ermöglichen mit gleichzeitiger, dauerhafter Bewahrung der natürlichen Lebensgrundlagen.[4] Um dies zu erreichen, wurden 17 Ziele, die Social Development Goals (SDGs) formuliert, welche die o. g. drei Säulen sowie spezifischen Handlungsfelder betreffen. Diese 17 SDG-Ziele finden sich auch im „Deutsche Nachhaltigkeitskodex (DNK) Bericht" wieder.

Weshalb ist die Erstellung eines DNK-Berichtes für das Unternehmen sinnvoll und notwendig?

Die Umsetzung der Nachhaltigkeit heißt das Durchlaufen des klassischen Prozesses mit Analyse des Status quo, Ableitung von Maßnahmen und Zielen, Umsetzung, Soll/Ist Vergleichen und daran anschließend weiteren Optimierungsprozessen.

Der DNK-Bericht ist ein bewährtes Instrument, welches auf Erfahrungen aus der Praxis basiert, um Organisationen aufzuzeigen, wo sie bei der Nachhaltigkeit stehen, Hinweise zu geben, was unternommen werden müsste und um die gesetzlichen Anforderungen

---

[3] Institut Bauen und Umwelt e. V., Nachhaltige Entwicklung, Geschichte & Prinzip der Nachhaltigkeit

[4] https://www.bundesregierung.de/breg-de/themen/nachhaltigkeitspolitik/nachhaltigkeitsziele-erklaert-232174

zu erfüllen.[5] Hierbei ist das Ziel ein integriertes sowie glaubwürdiges Nachhaltigkeitsmanagement aufzubauen und zu leben. Bisher wurden 2.221 DNK-Erklärungen von 883 Unternehmen abgegeben (Stand 13. September 2022).

Der DNK-Bericht beinhaltet 20 qualitative Kriterien mit spezifischen, quantitativen Leistungsindikatoren, welche die SDGs widerspiegeln, und auf den Rahmen von Unternehmen abgestimmt sind. Bei der Bearbeitung der Kriterien inkl. der Leistungsindikatoren wird automatisch klar, wo das Unternehmen mit seiner Organisation steht und wo es Handlungsfelder gibt. Und ich will auf weiterführende positive Aspekte bei der Erarbeitung des DNK-Berichtes sowie der nachhaltigen Handlungsfelder hinweisen: Das Unternehmen wird attraktiver für neue Mitarbeiter, die bestehende Belegschaft wird loyaler, die Anspruchsgruppen wie Investoren, Kreditgeber, Kunden, Politik etc. bewerten das Unternehmen positiver und unternehmensinterne Prozesse werden hinterfragt sowie optimiert. Insgesamt wächst das Image des Unternehmens mit entsprechenden positiven Folgen. Das Unternehmen zeigt mit dem Nachhaltigkeitsbericht seine Daseinsberechtigung auf und trägt mit der Erarbeitung von Produkten und Dienstleistungen unter Nachhaltigkeitsgesichtspunkten zur langfristigen Unternehmenssicherung bei.

Mit dem Jahresabschluss für das Jahr 2017 müssen kapitalmarktorientierte Kapitalgesellschaften, Kreditinstitute und Versicherungsunternehmen mit mehr als 500 Mitarbeitern und Bilanzsumme von 20 Mio. € oder Umsatzerlösen von 40 Mio. € sowie haftungsbeschränkte Personengesellschaften und Genossenschaften mit mehr als 500 Mitarbeitern nach dem CSR-RUG (Corporate Social Responsibility-Richtlinie Umsetzungsgesetz) im Rahmen der Lageberichterstattung zu wesentlichen nicht finanziellen Aspekten Bericht erstatten, diese werden im DNK-Bericht entsprechend bearbeitet.

---

[5] Leitfaden zum Deutschen Nachhaltigkeitskodex, 2020

Spätestens mit der Berichtsperiode des Jahres 2026 müssen Unternehmen, die an zwei aufeinanderfolgenden Abschlussstichtagen zwei der drei folgenden Kriterien erfüllen: eine Bilanzsumme von mehr als 20 Mio. €, einen Nettoumsatzerlös von mehr als 40 Mio. € erzielen und mehr als 250 Mitarbeiter einen Bericht erstellen. Man schätzt, dass der Kreis der betroffenen Unternehmen von heute ca. 500 auf zukünftig 5.000 in Deutschland wachsen wird.[6]

Alternative Berichtsformate – eine Übersicht

Organisationen haben sehr viele Möglichkeiten ihre Nachhaltigkeitsleistungen zu dokumentieren. Wir werden hier nicht alle Formate berücksichtigen können, wollen aber eine Übersicht der wichtigsten Varianten zur Verfügung stellen.

In Deutschland haben sich u. a. zwei regionale Berichtsformate etabliert: Die WIN-Charta wurde als Instrument im Rahmen der Nachhaltigkeitsstrategie des Landes Baden-Württemberg entwickelt. In Bayern gibt es die Möglichkeit sich am Umwelt- und Klimapakt zu beteiligen.

International ist die Global Reporting Initiative (GRI) zu nennen, welche als Partnerschaft mit dem Umweltprogramm der Vereinten Nationen gegründet wurde. Sie hat sich international als Standard für Nachhaltigkeitsberichte und als wertvolle Orientierungshilfe für andere Formate bei der Nachhaltigkeitsberichterstattung etabliert. Die SDGs mit ihren 17 politischen Zielsetzungen der UN für die nachhaltige Entwicklung haben wir bereits erwähnt und sind weltweit anerkannt. Die European Federation of Financial Analysts Societies (EFFAS) hat ein System von Leistungsindikatoren europaweit etabliert, welches zur Nachhaltigkeitsberichterstattung genutzt werden kann. Ausgangspunkt sind quantitative Indikatoren, wie Umweltverträglichkeit, Gesundheit und Sicherheit von

---

[6] https://www.pwc.de/de/nachhaltigkeit/nachhaltigkeit-steering-reporting-und-assurance/interview-zur-csrd-eine-neue-aera-in-der-berichterstattung-ueber-nachhaltigkeit-beginnt.html

Produkten, Nutzung erneuerbarer Energiequellen, Fehlquoten von Mitarbeitern, Korruption, Kundenzufriedenheit, Umsatzanteil neuer Produkte etc., um Unternehmen für Investoren besser vergleichen zu können.

Das Zentrum für Nachhaltige Unternehmensführung (ZNU) ist ein integrierter Managementprozess der Universität Witten/Herdecke zum nachhaltigen Wirtschaften von Organisationen mit anschließender Zertifizierung.

Die DIN 26000 wurde bereits zur Herleitung der Wichtigkeit der Nachhaltigkeit herangezogen und stammt aus dem Jahr 2010, sie wurde von der Arbeitsgruppe „Social Responsibility", der Internationalen Organisation für Normung, erarbeitet. Dabei ist diese Norm ein Leitfaden und hat nicht den Anspruch einer ausführlichen Handlungsanleitung.

Weiterhin können Organisationen und Unternehmen auch nur Teilbereiche analysieren und zertifizieren lassen wie z. B. mittels der ISO 14001, der Umweltmanagementsystemnorm, oder das Energiemanagementsystem nach ISO 50001. Die SA 8000 ist eine Zertifizierungsmöglichkeit im HR-Bereich und die DIN 45001 betrifft den Arbeitsschutz.

Wie ist der DNK-Bericht aufgebaut?
Der Rat für Nachhaltige Entwicklung (RNE) initiierte im Jahr 2010 den Prozess und im Herbst 2011 wurde der erste Nachhaltigkeitskodex veröffentlicht, die aktuelle, vierte Fassung stammt aus dem Jahr 2017.

Der Kodex ist in vier Themenbereiche unterteilt:[7]

1)	Strategie: Wesentlichkeit, Vision und Ziele	Nachhaltigkeitskonzept
2)	Prozessmanagement: Regeln und Strukturen	
3)	Umwelt: ökologische Aspekte der Nachhaltigkeit	Nachhaltigkeitsaspekte
4)	Gesellschaft: soziale Aspekte der Nachhaltigkeit	

---

[7] Leitfaden zum Deutschen Nachhaltigkeitskodex, 2020

Diese vier Themenbereiche werden den übergeordneten Kategorien „Nachhaltigkeitskonzept" und „Nachhaltigkeitsaspekte" zugeordnet.

Insbesondere der „Teil 1) Strategie" ist sehr bedeutsam, da hier die Wichtigkeit der Nachhaltigkeit im Kontext mit der Unternehmensvision und den Unternehmenszielen dargelegt wird. Dabei werden die Chancen, Risiken sowie die Herausforderungen der Nachhaltigkeit beleuchtet und es werden Ziele für die Nachhaltigkeit im Unternehmen definiert.

Im Rahmen der vier Themenbereiche werden insgesamt 20 Kriterien detailliert bearbeitet, siehe Abbildung[8]:

NACHHALTIGKEITSKONZEPT		NACHHALTIGKEITSASPEKTE	
STRATEGIE	PROZESS-MANAGEMENT	UMWELT	GESELLSCHAFT
Kriterien 1–4	Kriterien 5–10	Kriterien 11–13	Kriterien 14–20
• Strategische Analyse und Maßnahmen • Wesentlichkeit • Ziele • Tiefe der Wertschöpfungkette	• Verantwortung • Regeln und Prozesse • Kontrolle • Anreizsysteme • Beteiligung von Anspruchsgruppen • Innovations- und Produktmanagement	• Inanspruchnahme von natürlichen Ressourcen • Ressourcenmanagement • Klimarelevante Emissionen	• Arbeitnehmerrechte • Chancengerechtigkeit • Qualifizierung • Menschenrechte • Gemeinwesen • Polit. Einflussnahme • Gesetzes- und richtlinienkonformes Verhalten
Auswahl an Leistungsindikatoren nach GRI SRS			
oder			
Auswahl an Leistungsindikatoren nach EFFAS			

Abbildung 1: Themenbereiche des DNK-Berichts

Alle 20 Kriterien werden bearbeitet und hierzu ist der „Leitfaden zum Deutschen Nachhaltigkeitskodex" eine sehr hilfreiche Unterstützung, mit welchen Informationen und Leistungsindikatoren die Kriterien zu bearbeiten und zu beantworten sind. Im Nachgang ergeben sich die Handlungsfelder für Optimierungen und auch welche Prioritäten festgelegt werden sollten.

---

[8] Leitfaden zum Deutschen Nachhaltigkeitskodex, 2020, Seite 7

Die Leistungsindikatoren der einzelnen Kriterien, welche die Nachhaltigkeitsleistung in quantitativer Hinsicht messen, werden entweder nach dem Format des GRI oder der EFFAS ermittelt und mit in den Bericht aufgenommen.

Das Kriterium 13 „Klimarelevante Emissionen" wird mit dem Kapitel des Buches „Die Ermittlung des CO_2-Fußabdrucks als Element der Nachhaltigkeitsstrategie" und das Kriterium 14 und 15 „Arbeitnehmerrechte und Chancengleichheit" mit dem Kapitel „Nachhaltigkeit und Unternehmenskultur als Erfolgsfaktor im „War for Talents" detailliert beleuchtet.

Weiterhin bietet der DNK die Möglichkeit, zusätzliche Inhalte aus anderen Berichtsformaten einzuarbeiten, dies kann optional umgesetzt werden. Es können Themen aus der CSR-Richtlinie-Umsetzungsgesetzes (CSR-RUG) oder auch aus dem Nationalen Aktionsplan Wirtschaft und Menschenrechte (NAP) integriert werden.

Welche Prinzipien sind bei der Erstellung zu beachten?

Bei der Erarbeitung der 20 Kriterien sind Prinzipien zu beachten, welche unerlässlich für ein gutes Berichtsergebnis sind und hier im Näheren erläutert werden.

Zu Berichterstattung der einzelnen Kriterien ist das Prinzip „comply or explain" zu beachten. Entweder kann das Unternehmen Sachverhalte darlegen und berichten (= comply) oder es liegen noch keine Daten oder auch Konzepte zu diesem Punkt vor. Dieses Nichtvorliegen ist zu erläutern und zu begründen (= explain) und führt dazu, dass zu jedem Kriterium eine Stellungnahme des Unternehmens im Bericht dargelegt wird.

Um das Ziel der Nachhaltigkeit effektiv zu bearbeiten und in allen Organisationseinheiten sowie Prozessen des Unternehmens zu verankern, ist es unerlässlich, dass eine Person der Geschäftsführung oder des Vorstandes die Verantwortung für Nachhaltigkeit trägt.

Der Grund hierzu ist nicht nur, dass man einen Überblick über die Einflussfaktoren von Nachhaltigkeit auf alle Geschäftstätigkeiten benötigt, sondern es müssen meist auch tiefgreifende Veränderungen angestoßen werden. Die Integration von Nachhaltigkeit hat auch Auswirkungen auf strategische Unternehmensentscheidungen, deshalb muss diese in der Geschäftsführung oder im Vorstand positioniert werden. Und jetzt der wichtigste Aspekt: Nachhaltigkeit muss von der obersten Führungsebene vorgelebt werden, ansonsten bleibt es eine leere Hülle.

Unternehmen arbeiten und leben in einem großen Netzwerk von Personen, welche auf unterschiedlichste Art und Weise mit dem Unternehmen in Kontakt sowie in Verbindung stehen und für welche es aufgrund ihrer Interessenlage von Belang ist, wie dieses Unternehmen sich verhält. Diese Personen werden „Stakeholder" oder „Anspruchsgruppen" genannt, siehe Abbildung:

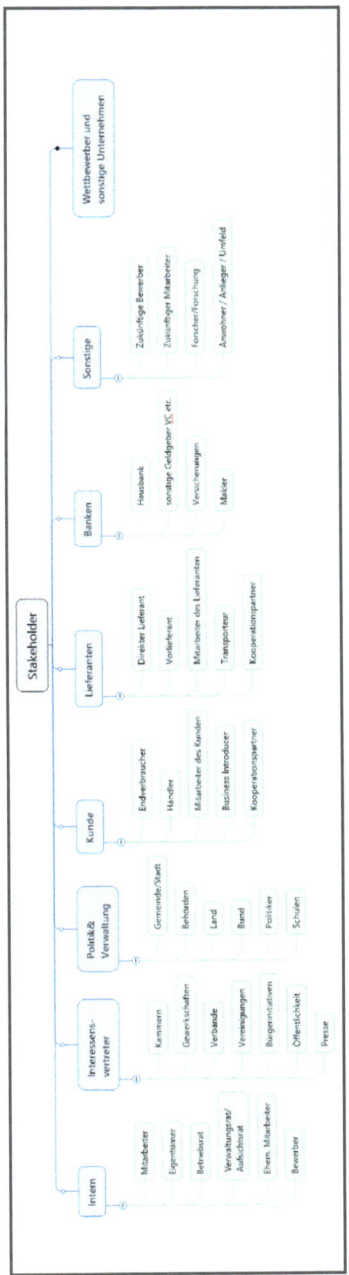

Abbildung 2: Übersicht relevante Stakeholder

Hierbei wird in interne Stakeholder wie z. B. Mitarbeiter, Gesellschafter, Geschäftsführung, Betriebsrat, Umweltbeauftragter etc. oder externe Stakeholder wie Lieferanten, Kommune, Anwohner, Investoren Kreditgeber, Gewerkschaften etc. unterschieden.

Gerade die Mitarbeiter sind wesentliche Stakeholder – dies auch mit Blick auf den aktuellen Fachkräftemangel. Dazu können wir auf bewährte Konzepte zur Einbindung dieser Anspruchsgruppe zurückgreifen.

Alle Stakeholder üben auf das Unternehmen Einfluss aus und sie verfolgen hierbei ihre eigenen Interessen und Ziele. Dabei versuchen sie die Entscheidungen und Handlungen eines Unternehmens und dessen Managements in ihrem Interesse zu beeinflussen. Auf der anderen Seite können aber auch die Aktivitäten des Unternehmens die Stakeholder beeinflussen. Für das Unternehmen ist es somit wichtig, diese Wechselbeziehungen transparent zu machen und die Ansprüche und Erwartungen der Stakeholder in die Entscheidungsprozesse einfließen zu lassen. Aus diesem Grund werden die Stakeholder auch gezielt und aktiv in die Entwicklung des Nachhaltigkeitsberichtes einbezogen.

Der Begriff der „Wesentlichkeit" hat seinen Ursprung in der Rechnungslegung des angloamerikanischen Raumes und besagt, dass beim Jahresabschluss alle Tatbestände offengelegt werden müssen, die wesentlich sind, weil sie Einfluss auf das Jahresergebnis haben.[9] In der Nachhaltigkeitsberichterstattung wird dieses Prinzip der Wesentlichkeit nicht nur auf ökonomische, sondern auch auf soziale und ökologische Bereiche bezogen. Ausgangspunkt ist die Wesentlichkeitsanalyse, welche in drei Schritten empfohlen wird:

1) Umfeldanalyse, um die wichtigen Themen auszuwählen,

2) Auswahl der für das Unternehmen relevanten Anspruchsgruppen und

3) Befragung dieser.

[9] Leitfaden zum Deutschen Nachhaltigkeitskodex, 2020, Seite 20

Hierbei werden Bedürfnisse und Sichtweisen der Anspruchsgruppen hinsichtlich Nachhaltigkeit mit der Sicht des Unternehmens in ihrer Relevanz in Beziehung gesetzt. In diesem Zusammenhang sollen drei Perspektiven umgesetzt werden:

- Outside-in-Perspektive:
  Nachhaltigkeitsthemen, die mit Chancen oder Risiken für den Geschäftsverlauf des Unternehmens, den Jahresabschluss oder die Lage des Unternehmens relevant sind.

- Inside-out-Perspektive:
  Nachhaltigkeitsthemen, auf welche sich die Geschäftstätigkeit, Geschäftsbeziehungen sowie Produkte und Dienstleistungen des Unternehmens auswirken.

- Stakeholder Perspektive:
  Nachhaltigkeitsthemen, die von zentralen Stakeholdern als wesentlich definiert werden.

Die Erstellung des Berichtes aber auch das „ganzheitliche Leben von Nachhaltigkeit" im Unternehmen wird nur dann erfolgreich sein, wenn alle Akteure im Unternehmen somit die ganze Belegschaft daran teilhaben und den Prozess im Rahmen ihrer Verantwortungsbereiche mitgestalten. Ohne diese Partizipation geht es nicht, diese muss von der Unternehmensleitung initiiert werden und die Belegschaft muss ermutigt werden sich einzubringen.

Wie wird der DNK-Bericht im Unternehmen erarbeitet?

Für die Erarbeitung des DNK-Berichtes empfehlen wir folgenden Prozessablauf:

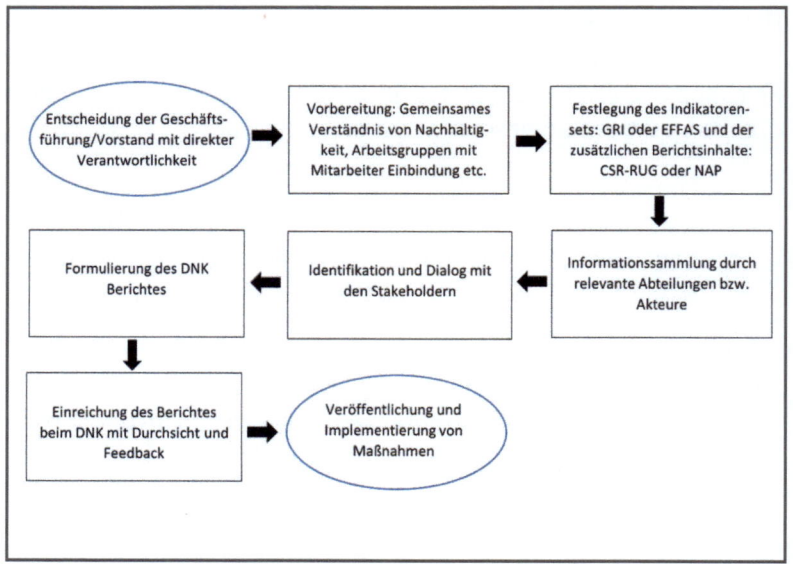

Abbildung 3: Prozessablauf DNK-Bericht

Wie bereits im vorherigen Kapitel erwähnt, muss die Geschäftsführung bzw. der Vorstand voll hinter dem Ziel der Nachhaltigkeit und dem damit verbunden DNK-Bericht stehen. Dies wird dann auch durch die Übernahme der Verantwortlichkeit durch die Top-Ebene des Unternehmens dokumentiert und diese koordiniert auch den Prozess der Erarbeitung der DNK-Berichterstattung.

Im ersten Schritt der Vorbereitung, muss bei allen Projektmitarbeitern eine gemeinsame Basis und Verständnis für die Nachhaltigkeit geschaffen werden, dies kann durch Trainings mit Workshop Charakter mit internen und auch externen Ressourcen erreicht werden. In diesen Trainings sollte auch bereits Bezug auf den DNK-Bericht, seine vier Hauptbereiche und die 20 Kriterien genommen werden. Danach werden die Arbeitsgruppen gebildet und prüfen welche Dokumentationen, Informationen etc. bereits vorliegen, diese können in den Bericht integriert werden. Auf der Webpage des DNK steht hierzu auch eine Checkliste bereit.

Als Nächstes ist wichtig festzulegen, die bereits erläuterten Wahlmöglichkeiten zu entscheiden: Welches Indikatoren-Set passt besser zur Charakteristik des Unternehmens, GRI oder EFFAS? Und welche zusätzlichen Berichtsinhalte, CSR-RUG oder NAP, sollen integriert werden. Dies muss den Arbeitsgruppen frühzeitig mitgeteilt werden, um die Erarbeitung zu erleichtern.

Danach beginnt die Informationssammlung durch die Arbeitsgruppen und z. B. der CO_2-Fußabdruck erfordert je nach Unternehmen viel Input und Zeit. Aber aus diesen Daten ergeben sich schon oft Optimierungsmaßnahmen, mittels welcher die Verringerung des CO_2 Ausstoßes in die Wege geleitet werden kann. Viele Informationen liegen in aller Regel nicht in geeigneter Form vor. Es gilt hier, Strukturen zu schaffen, die eine kontinuierliche Datenerfassung ermöglichen.

Jetzt kommt ein wichtiger Schritt, falls dies bereits noch nicht im Unternehmen gelebt wird: Die Identifikation der Stakeholder, welche in Kontakt mit dem Unternehmen sind und Einfluss auf dieses nehmen. Mit diesen identifizierten Stakeholder Gruppen wird ein Dialog bzgl. der Nachhaltigkeitsthemen bzw. der Erfassung der Informationen geführt. Evtl. ist es auch sinnvoll und hilfreich den Dialog mit den Stakeholdern zu standardisieren, damit dieser alle 12 oder 24 Monate wiederholt werden kann. Dieser Austausch beeinflusst die gesamte Unternehmens- und Nachhaltigkeitsstrategie.

Nachdem alle Daten vorliegen, kann der DNK-Bericht formuliert werden, hierzu liegt ein Template auf der Webpage des DNK vor und man kann sich auch bereits veröffentlichte Berichte im Netz als Unterstützung anschauen. Beides erleichtert bei der ersten Formulierung des Berichtes.

Nachdem der Bericht fertiggestellt wurde, wird dieser beim DNK auf der Webpage eingereicht und es werden formelle Punkte aber keine Plausibilitäten geprüft und es wird Feedback zu bestimmten Punkten und Formulierungen, bei welchen der DNK einen Anpassungsbedarf sieht, gegeben. Wenn der DNK sein Einverständnis zu dem Bericht geben hat, kann dieser auf der Webpage des DNK veröffentlicht werden und das Unternehmen kann diesen auch zu PR Zwecken nutzen. Je nach Stand der eigenen Nachhaltigkeitsumsetzungen kann es auch eine Möglichkeit sein, den Bericht noch nicht zu veröffentlichen und nur einzelne Fragmente dieses Berichtes auf der eigenen Webseite des Unternehmens zu veröffentlichen. Das Nachhaltigkeitsberichtswesen dokumentiert dann den aktuellen Stand und ist die Basis für weitere Verbesserungen.

Wichtig ist, in diesem Zusammenhang zu erwähnen, dass unternehmensintern eine einfache Struktur für die Erfassung der Daten aufgebaut wird, damit diese Daten zukünftig ohne großen Aufwand aktualisiert werden können. Dies erleichtert auch die Aktualisierung des DNK-Berichtes.

Wie wird der Bericht „lebendig" im Unternehmen?

Hierbei sind die bereits o. g. zwei Prinzipien das Fundament: Zum einen, dass die Geschäftsführung bzw. der Vorstand die Nachhaltigkeit als Unternehmensziel aufnimmt und die Vision sowie die Mission entsprechend formulieren. Dazu gehört auch, dass eine Person in der obersten Führungsebene Nachhaltigkeit in seinem Verantwortungsbereich innehat und die Belegschaft motiviert, dass Berichtswesen entsprechend anpassen lässt, kontinuierlich die Maßnahmenpläne überwacht und bei Soll/Ist-Abweichungen Korrekturschritte in die Wege leitet.

Auf der anderen Seite ist die Teilhabe der Belegschaft auch fundamental. Ohne dass die Mitarbeiter mitgenommen werden, wird Nachhaltigkeit nie erfolgreich und lebendig im Unternehmen umgesetzt werden.

Wenn dieses Fundament steht, muss es einen rollierenden Prozess aus Berichterstattung, abgeleiteten Maßnahmen, Implementierung dieser, Messung der Ergebnisse und neuer Berichterstattung geben. Wenn dieser Prozess kontinuierlich gelebt wird, wird Nachhaltigkeit in die DNA der Organisation und jedes Mitarbeiters übergehen und der Bericht inkl. Nachhaltigkeit werden lebendig werden und lebendig bleiben.

Der kontinuierliche Dialog mit den Anspruchsgruppen/Stakeholdern wird auch die Akteure und die Reputation des Unternehmens positiv beeinflussen und dadurch den Prozess der Berichterstattung sowie Nachhaltigkeit zusätzlich verstärken.

Kann es Schwierigkeiten geben?

Am Anfang der Berichterstattung steht oft, dass die Komplexität viele Akteure abschreckt. Durch die Untergliederung des Berichtes in 20 Kriterien wird diese Komplexität aufgebrochen und es kann jedes Kriterium einzeln bearbeitet werden. Erleichternd ist auch das Prinzip „comply or explain", man muss nicht zu jedem Unterpunkt Daten und Konzepte darlegen. Man kann auch erklären, warum diese noch nicht vorliegen und wie man zukünftig damit weiter verfahren wird.

Sehr hilfreich ist, auch zu sehen, was andere Unternehmen oder auch Branchenverwandte in ihrem DNK-Bericht publiziert haben, dies hilft sehr oft bei der eigenen Berichterstellung und -formulierung.

Gerade aus Marketinggesichtspunkten kann es vorkommen, dass einzelne Aspekte des Nachhaltigkeitsberichtes positiver dargestellt werden, als dies bei Lichte betrachtet der Fall ist. Beispielhaft erwähnt die Webpage: www.basicthinking.de mit dem Suchbegriff Greenwashing, hier findet man zehn sehr negative Beispiele für Greenwashing. Natürlich ist der Reiz groß, Sachverhalte positiver zu präsentieren und dies im Marketing und auch PR zu nutzen, aber das Risiko für das Unternehmen ist sehr groß und der potenzielle Schaden kann ungleich größer als der Nutzen sein. Durch die digitalen und sozialen Medien werden heute Nachrichten viel schneller und an einen viel größeren Adressatenkreis kommuniziert als in der Vergangenheit.

Nachhaltigkeit ist Arbeit, welche der gesamten Gesellschaft hilft, und mittels des „comply or explain" Prinzips kann jedes Unternehmen ehrlich Stellung beziehen, auch wenn man noch im Prozess ist und seinen Status sowie seine Optimierungspläne offenlegen. Dadurch wird kein Risiko eingegangen und jeder sieht, welche Maßnahmen ergriffen werden.

Die größten Schwierigkeiten bei der Berichtserstellung entstehen, dass die oberste Führungsebene nicht die Verantwortung für dieses Thema übernimmt und es nicht aktiv lebt. Wenn „von oben" ein Fahrplan, Priorität und Zeitressourcen zur Verfügung gestellt werden, wird der DNK-Bericht ein Erfolgsrezept für das ganze Unternehmen und seine Mitarbeiter!

4. Die Ermittlung des CO_2-Fußabdrucks als Element der Nachhaltigkeitsstrategie

Hans Knut Raue

Nachhaltigkeit aus historischer Perspektive

Seit einigen Jahren ist „Nachhaltigkeit" eine Vokabel, die in aller Munde ist. Dabei ist das Konzept der Nachhaltigkeit schon seit Langem bekannt. Als gemeinhin erste Erwähnung gilt die Kursächsische Forst- und Holzordnung vom 6. Sep. 1560. Diese wurde von Kurfürst August von Sachsen (1526-1586) in einer Zeit der Energiekrise erlassen. Durch die umfangreichen Abholzungen, u. a. für den Bergbau, waren die Waldbestände in Sachsen stark zurückgegangen. Tatsächlich gehen Forschungen davon aus, dass die nach der Eiszeit im Gebiet des heutigen Deutschlands entstandene nahezu vollständige Bewaldung bis zur Römerzeit erhalten blieb und danach beständig gesunken ist[1]. Ein Tiefpunkt war im späten Mittelalter erreicht. Die Forst- und Holzordnung zielt darauf ab, weiterhin konstante Erträge zu erzielen:

> „... daß den Untertanen und Bergwerken, soviel möglichen und die Gehölze ertragen können, eine währende Hilfe, auch eine unseren Ämtern eine vor und vor bleibende und beharrliche Nutzung bleiben möge."

Es ist sicher keine falsche Aussage, wenn ich vermute, dass man gemeinhin mit dem Wald das Thema „Ökologie" verbindet. Die Ökologie spielt hier aber gar keine Rolle: Es geht klar um die Ökonomie!

---

[1] Vgl. zum Beispiel:
https://www.zeit.de/wissen/umwelt/2011-11/entwicklung-waldbestaende-europa

In der kursächsischen Forst- und Holzordnung von 1560 wird zwar das Prinzip der Nachhaltigkeit beschrieben, nicht aber der Begriff erwähnt. Die tatsächlich erste Verwendung des Begriffs *Nachhaltigkeit* datiert aus dem Jahr 1713 – und steht auch hier im Zusammenhang mit der Forstwirtschaft. Sie stammt aus dem ersten bekannten geschlossenen forstwirtschaftlichen Lehrwerk mit dem Titel „Sylvicultura oeconomica, oder haußwirthliche Nachricht und Naturmäßige Anweisung zur wilden Baum-Zucht" von Hanß Carl von Carlowitz (1645 – 1714), der als kursächsischer Bergrat und Oberberghauptmann im Erzgebirge ständig mit Energieknappheit, also Holzknappheit, konfrontiert war. Er schreibt:

> *„Wird derhalben die gröste Kunst / Wissenschafft / Fleiß / und Einrichtung hiesiger Lande darinnen beruhen / wie eine sothane Conservation und Anbau des Holtzes anzustellen / daß es eine continuirliche beständige und **nachhaltende** Nutzung gebe / weiln es eine unentberliche Sache ist / ohne welche das Land in seinem Esse [im Sinne von Wesen, Dasein, d.A.] nicht bleiben mag."*

Tatsächlich war das Forstwesen seiner Zeit durch die Folgen des 30-jährigen Krieges beeinträchtigt[2] und von Carlowitz beabsichtigte, das Wissen durch sein Werk wieder zu festigen. Insgesamt ist das seit von Carlowitz' Zeiten – mit seinem Buch als Startschuss – gelungen: Der Waldbestand in Deutschland hat sich stabilisiert und ist im 20. Jahrhundert erstmals wieder seit dem Mittelalter deutlich gewachsen. Heute stehen der Waldwirtschaft wieder große Veränderungen bevor. Dass dies notwendig ist, kann man leicht durch einen Besuch im Wald beobachten: lang anhaltende Trockenheit und der Borkenkäfer setzen dem aktuellen Waldbestand zu. Um weiter nachhaltige Waldwirtschaft betreiben zu können, sind ganz klar neue forstwirtschaftliche Ansätze erforderlich.

---

[2] Ebenda: Die Bewaldung in Deutschland hat sich während des 30-jährigen Krieges ausgedehnt, da die Bewirtschaftung weniger intensiv war.

In den letzten Jahrzehnten hat der Begriff Nachhaltigkeit eine Hochkonjunktur erlebt, die aus guten Gründen weiter anhält. Den Startschuss dafür setzte die Studie „Die Grenzen des Wachstums", welche 1972 durch den Club of Rome in Auftrag gegeben worden ist. Der Club of Rome war 1969 durch Industrielle und Wissenschaftler in Rom gegründet worden, mit dem Ziel, die Verantwortung der gesamten Menschheit für ihre eigene Entwicklung zu stärken. Das renommierte Massachusetts Institute of Technology (MIT) in den USA wurde mit der Studie beauftragt, für die erstmalig massive Computersimulationen genutzt wurden. Das wichtigste Resultat war, dass eine nachhaltige Entwicklung nicht allein durch technologischen Fortschritt erzielt werden kann, sondern ein Umdenken bei der Ressourcennutzung erfordert.

Das Prinzip der Nachhaltigkeit in dem heute bekannten Sinne wurde durch den sogenannten Brundtland-Bericht 1987 etabliert. Die UN-Vollversammlung hatte 1983 die Einrichtung einer Kommission beschlossen, die sich des Themas Umwelt und Entwicklung annehmen sollte, die World Commission on Environment and Development (WCED) unter Vorsitz der norwegischen Ministerpräsidentin Gro Harlem Brundtland (*1939). Der Brundtland-Bericht („Our Common Future" lautet der offizielle Titel) definiert Nachhaltigkeit unter anderem so:

*„Im Wesentlichen ist dauerhafte Entwicklung ein Wandlungsprozess, in dem die **Nutzung von Ressourcen**, das Ziel von **Investitionen**, die Richtung technologischer Entwicklung und institutioneller Wandel miteinander harmonieren und das derzeitige und künftige Potenzial vergrößern, **menschliche Bedürfnisse** und Wünsche zu erfüllen."*

Auf dieses Zitat ist später noch einmal zurückzukommen. Der Brundtland-Bericht hat eine Entwicklung angestoßen, die bis heute anhält. Als direkte Folge wurde die UN-Konferenz für Umwelt und Entwicklung 1992 (UNCED, oder auch „Rio-Konferenz") einberufen. Die UNCED-Signatarstaaten bündeln bis heute die weltweiten Bemühungen um Nachhaltigkeit auf höchster Ebene.

Fazit: Nachhaltigkeit ist in aller Munde. Ob das Bemühen von Erfolg gekrönt ist, hängt auch stark davon ab, wie sich Unternehmen diesbezüglich aufstellen – und genau das ist Gegenstand des vorliegenden Artikels.

Gesetzliche Erfordernisse zur Nachhaltigkeitsberichterstattung

Die EU-Direktive 2014/95/EU ist unter dem Titel „Non-financial reporting directive (NFRD)" bekannt. Mit dieser Direktive wurde in der EU erstmals die Verpflichtung zur nicht-finanziellen Berichterstattung eingeführt. Die von der NFRD betroffenen Organisationen müssen Angaben zu Sozial- und Umweltaspekten in Bezug auf ihre Organisation machen. Auf diese Sozial- und Umweltaspekte wird im Unternehmenskontext häufig als Corporate Social Responsibility (CSR) Bezug genommen.

Damit die NFRD auf nationaler Ebene Wirksamkeit entfaltet, musste sie von den einzelnen Mitgliedsstaaten der EU auf dem jeweils dafür vorgesehenen Gesetzgebungsprozess in nationales Recht übertragen werden. In Deutschland ist dies mit dem am 11.04.2017 verkündeten CSR-Richtlinien-Umsetzungs-Gesetz (CSR-RUG) geschehen.

Die erforderlichen Informationen können entweder im Lagebericht integriert oder separat als Nachhaltigkeitsbericht veröffentlicht werden. Dabei werden die Umwelt- und Sozialbelange neben der finanziellen Berichterstattung zu einem Erfordernis im Rahmen der unternehmerischen Berichtspflichten.

Die Form des Berichts orientiert sich an den bereits anerkannten internationalen Standards für nicht-finanzielle Leistungsindikatoren und ist verbindlich für große kapitalmarktorientierte Unternehmen (>500 MA), Banken und Versicherungen.

Dabei ist der Bericht kein Selbstzweck, sondern die Intention der NFRD ist es vielmehr, die Unternehmen zu einem nachhaltigen und verantwortungsbewussten Handeln anzuregen. In diesem Sinne haben die Unionsstaaten die NFRD in den vergangenen Jahren weiterentwickelt.

Im April 2021 hat die EU-Kommission eine überarbeitete Version der Direktive vorgelegt, die Corporate Social Responsibility Directive (CSRD). Diese Direktive ist bis zum Juni 2022 zwischen der Kommission, dem EU-Parlament und den Mitgliedsländern (vertreten im EU-Rat) in eine vorläufig verbindliche Fassung gebracht worden. Diese muss zwar noch die Institutionen passieren, aber der Zeitplan sieht vor, dass die Umsetzung in nationales Recht sehr zeitnah erfolgt, sodass das entsprechende Gesetz in Deutschland noch 2023 in Kraft treten kann.

Die CSRD sieht wesentliche Erweiterungen der Berichtspflicht vor, im Vergleich zur aktuell gültigen NFRD. Diese sind in der folgenden Tabelle gegenübergestellt (Quelle KPMG[3]):

Thema	NFRD	CSRD
Betroffene Unternehmen	Große Unternehmen (Belegschaft >500) von öffentlichem Interesse (gelistete Firmen, Banken und Versicherungen)	<ul><li>Unternehmen, welche zwei der drei folgenden Kriterien erfüllen:</li><li>250 Mitarbeiter</li><li>40 MEUR Umsatz</li><li>20 MEUR Bilanzsumme</li><li>Gelistete Unternehmen</li></ul>
Anzahl Unternehmen	Circa 12'000 (davon 500 in Deutschland)	Circa 50'000 (davon ca. 15'000 in Deutschland)

---

[3] https://home.kpmg/de/de/home/themen/uebersicht/esg/corporate-sustainability-reporting-directive.html

Thema	NFRD	CSRD
Umfang der Berichterstattung	Unternehmen sollen berichten über: • Umweltschutz • Soziale Verantwortung und Umgang mit Mitarbeitern • Anti-Korruption und Bestechung • Diversität in Unternehmensvorständen	Zusätzliche Berichtspflicht über • „Double Materiality" • Weitere zukunftsgerichtete Informationen, einschließlich Zielvorgaben und Fortschritte • Informationen zu immateriellen Vermögenswerten • Berichterstattung nach der Sustainable Finance Disclosure Regulation (SFDR) und der EU Taxonomy Regulation
Format	Im Jahresbericht (auch separat möglich)	Ausschließlich im Lagebericht in maschinenlesbarer Form gem. European Single Electronic Format (ESEF)
Gültigkeit	Ab Geschäftsjahr 2018	• Für NFRD-pflichtige Unternehmen: ab Geschäftsjahr 2023 • Für alle großen Nicht-NFRD-pflichtigen Unternehmen: ab Geschäftsjahr 2024

Fazit: Es ist für sehr viele Unternehmen wichtig, sich jetzt auf die kommenden Anforderungen zur nichtfinanziellen Berichterstattung vorzubereiten. Auch die CO_2-Bilanz ist ein Teil dieser Berichterstattung.

Elemente der Nachhaltigkeit

Der Begriff Nachhaltigkeit beschränkt sich im heutigen Sinne nicht nur darauf, Ressourcen zu schonen. Vielmehr ruht die Nachhaltigkeit auf den drei Säulen Ökonomie, Ökologie und Soziales. In Artikel 1, Abbildung 1 ist der Tempel der Nachhaltigkeit dargestellt, in welchem sich das Dach des Tempels auf genau diesen drei Säulen abstützt. Die bereits in Kapitel 1: *Nachhaltigkeit aus historischer Perspektive* genannte Definition der Nachhaltigkeit aus dem Brundtland-Bericht enthält ebenfalls diese drei Säulen: Ökonomie ist durch „Investitionen" und „Technologie" referenziert, Ökologie durch die „Ressourcen" und Soziales durch die „menschlichen Bedürfnisse".

Der Tempel der Nachhaltigkeit ist eine sehr einleuchtende Darstellung des Konzepts der Nachhaltigkeit. Diese Darstellung berücksichtigt jedoch nicht, dass die drei Elemente Ökonomie, Ökologie und Soziales miteinander interagieren. Die Darstellungen in Abbildung 1 verdeutlichen diese Interaktionen auf verschiedene Art und Weise.

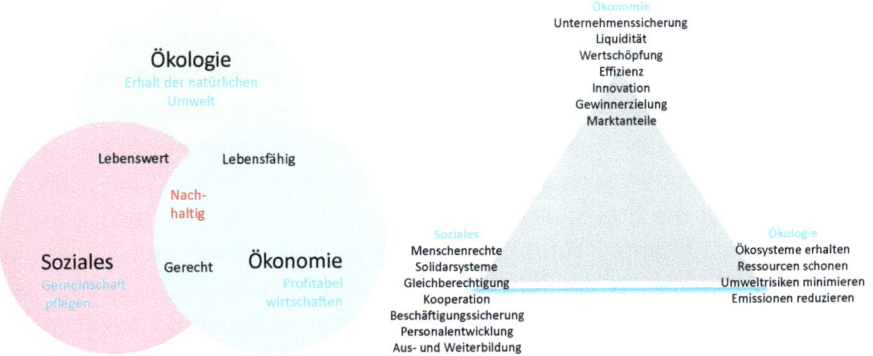

Abbildung 1: Interaktion zwischen den Nachhaltigkeitselementen

Im Überlagerungsmodell links ist sichtbar, dass die Überlagerung von Ökologie und Sozialem eine lebenswerte Umwelt bedingen, die Überlagerung von Ökonomie und Ökologie eine lebensfähige

Umwelt bedingen und die Überlagerung von Sozialem und Ökonomie eine gerechte Umwelt bedingen. Die Überlagerung aller drei Elemente führt zu einer nachhaltigen Umwelt. Das Dreiecksmodell rechts verdeutlicht hingegen die offensichtlichen Spannungen, welche sich zwischen den drei Elementen ergeben. Die Reduktion von Emissionen zum Beispiel durch die Beendigung des Kohleabbaus in der Lausitz führt konkret zu sozialen Verwerfungen, indem Arbeitsplätze verloren gehen. Der in Deutschland beschlossene Ausstieg aus der Atomenergie führt für die Kraftwerksbetreiber dazu, dass Einnahmequellen wegfallen und Anlagen abgeschrieben werden müssen. Die Sicherstellung von Gleichberechtigung oder die Etablierung und der Erhalt von Sozialsystemen hat Kostenfolgen usw.

Schließlich sei noch eine Bemerkung angebracht zur Abgrenzung der vielfältigen Begriffe, die im Zusammenhang mit „Nachhaltigkeit" gebraucht werden und die aus Sicht des Verfassers häufig eher zu einer unklaren Gemengelage führen. Wichtig ist herauszuarbeiten, wo der Handlungsraum für Unternehmen liegt. Hierfür ist es sinnvoll, den Begriff der nachhaltigen Entwicklung von dem Begriff der nachhaltigen Unternehmensführung abzugrenzen. Die nachhaltige Entwicklung ist mit der globalen Meta-Ebene und der Meso-Ebene der Staatenbünde (z. B. EU) und der Nationalstaaten verknüpft. Mit der Micro-Ebene, auf die auch die Unternehmen einzuordnen sind, ist hingegen der Begriff der nachhaltigen Unternehmensführung verknüpft, oder auch Corporate Social Responsibility (CSR). CSR beinhaltet die drei Säulen der Nachhaltigkeit. Das Ideal des „ehrbaren Kaufmanns" führt zu einer Ergänzung dieser drei Säulen um die Elemente der Corporate Governance und des Corporate Citizenship. Wie die Begriffe untereinander verbunden sind, zeigt Abbildung 2: Einordnung der Begriffe CSR und Nachhaltigkeit.

Unter Corporate Governance versteht man dabei die Grundsätze der Unternehmensführung, d. h. die Verfahren, Regeln, Gesetze und Rahmenbedingungen, nach denen ein Unternehmen zum Wohlwollen aller relevanten Anspruchsgruppen geleitet wird. Die Ausgestaltung obliegt den Anteilseignern unter Berücksichtigung der rechtlichen Rahmenbedingungen. Zu Corporate Governance gehören das Risikomanagement, die Unternehmenskommunikation, die Aufbau- und Ablauforganisation und die Ausrichtung auf langfristige Wertschöpfung. Dazu werden durch die Unternehmen entsprechende Vorschriften und Regeln verfasst.

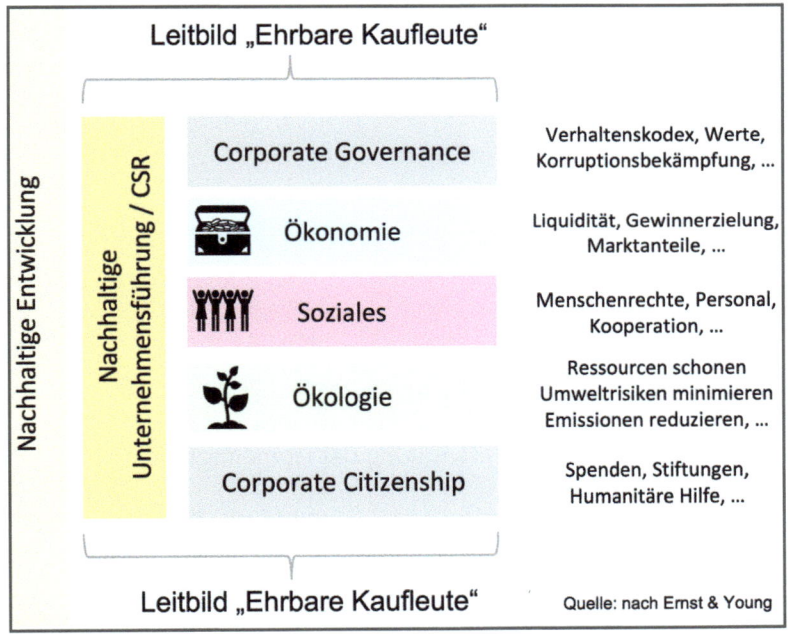

Abbildung 2: Einordnung der Begriffe CSR und Nachhaltigkeit

Unter Corporate Citizenship wird hingegen das freiwillige bürgerschaftliche Engagement von Unternehmen zusammengefasst. Dazu gehören Spenden, Stiftungen oder humanitäre Hilfsaktionen.

Es existieren unterschiedliche Zielsysteme, die sich zur Anwendung auf das CSR eignen. Ein sehr bekanntes Zielsystem sind dabei die Ziele für Nachhaltige Entwicklung (Sustainable Development Goals, SDG) der UNO. Die SDGs bestehen aus insgesamt siebzehn (17) Zielrichtungen. Die SDGs sind zwar eher ein übergeordnetes Zielsystem für die nachhaltige Entwicklung, vgl. Abbildung 2: Einordnung der Begriffe CSR und Nachhaltigkeit, aber es zeigt sich, dass die verschiedenen Zielsysteme sehr ähnlich strukturiert sind. Das trifft zum Beispiel auch die Gliederung der Nachhaltigkeitsberichterstattung nach dem Deutschen Nachhaltigkeitskodex (DNK) in 20 Kapitel oder die Norm DIN/ISO 26000 zu. Die Norm DIN/ISO 26000 stellt einen sehr guten Leitfaden für Unternehmen auf dem Weg zur nachhaltigen Unternehmensführung dar. Die Kernthemen der Nachhaltigkeit werden dabei in sechs Bereiche aufgeteilt:

- Menschenrechte

- Arbeitspraktiken

- Umwelt

- Faire Betriebs- und Geschäftspraktiken

- Konsumentenanliegen

- Einbindung und Entwicklung der Gemeinschaft

Den oben genannten Systemen ist gemeinsam, dass sie zwar als Richtschnur dienen können, jedoch allesamt nicht zertifizierbar sind. In diese Lücke stoßen Brancheninitiativen, wie z. B. drive sustainability in der Automobilindustrie, oder private Anbieter wie z. B. ecovadis. Inhaltlich sind auch diese Systeme jedoch ähnlich aufgebaut wie die weiter oben zitierten Zielsysteme.

Fazit: Die Herausforderung bei der Entwicklung der unternehmerischen Nachhaltigkeit besteht darin, das Dreieck aus den Elementen Soziales, Ökonomie und Ökologie weit aufzuspannen, um ein hohes Nachhaltigkeitsniveau zu erreichen. Dabei entstehen Herausforderungen durch die gegenseitige Beeinflussung dieser Ziele. In Bezug auf die CO_2-Bilanz wird bei Betrachtung der Zielsysteme klar, dass es sich immer nur um ein Element aus vielen handelt: Bei den SDGs sind Emissionen eines von 17 Elementen, bei der DIN/ISO 26000 fällt es als Unterkapitel in eines von sechs Hauptüberschriften, beim DNK handelt es sich um eines von 20 Kapiteln. Nachhaltigkeit geht weiter als nur bis zur CO_2-Bilanz.

Den CO_2-Fußabdruck ableiten: Greenhouse Gas Protocol (GHG)

Die Ermittlung des CO_2-Fußabdrucks kann auf unterschiedliche Art und Weisen erfolgen. Ein sehr verbreiteter Standard ist dabei das Greenhouse Gas Protocol (GHG). Das GHG wurde 1998 durch zwei Nichtregierungsorganisationen (NGOs) ins Leben gerufen: dem World Resources Institute (WRI) und dem World Business Council for Sustainable Development (WBSD), einem Zusammenschluss von 170 multinationalen Unternehmen.

Ziel des GHG ist es:

- Unternehmen bei der Erstellung ihres Treibhausgasfußabdrucks unterstützen,

- Einen kosteneffizienten Standard setzen,

- Ein Instrument zur Entwicklung von Emissionsvermeidungsstrategien zur Verfügung zu stellen,

- Die Informationsgewinnung zur Teilnahme an freiwilligen oder verpflichtenden Programmen zur Reduktion von Treibhausgasen voranzutreiben,

- Eine Erhöhung der Vergleichbarkeit von Berichten zu Treibhausgasemissionen zu erreichen.

Das GHG berücksichtigt insgesamt sechs klimarelevante Gase. Diese Gase sind identisch mit denen, die im Rahmen des Kyoto-Protokolls erwähnt sind. Das Kyoto-Protokoll wurde 1997 in Kyoto von den Signatarstaaten des UN-Klimarahmenabkommens (UNFCCC) beschlossen. Ziel des Kyoto-Protokolls war und ist es, einen operationellen Rahmen für die Umsetzung des UNFCCC zu schaffen. Daher werden auch sehr konkret die relevanten klimawirksamen Gase benannt, und zwar:

- Kohlendioxid (CO_2),

- Methan (CH_4),

- Distickstoffmonoxid (Lachgas, N_2O),

- Fluorkohlenwasserstoffe (FKW),

- Perfluorcarbone (PFC),

- Schwefelhexafluorid (SF_6).

Um eine Vergleichbarkeit der Emissionen herzustellen, wird das Treibhauspotenzial (Global Warming Potenzial, GWP) aller dieser Gase in CO_2-Äquivalenten gemessen.[4] Das Treibhauspotenzial von CO_2 wird dabei mit dem Faktor 1 angenommen. Dabei ist das Treibhauspotenzial aller anderen Gase signifikant höher als das des Kohlendioxids. Das höchste Treibhauspotenzial aller vom GHG erfassten Gase hat dabei das als Schutzgas bei der Herstellung von Magnesium oder in gasisolierten Hochspannungsanlagen genutzte Schwefelhexafluorid mit einem Wert von 23'500. Im Gegensatz zum Kohlendioxid haben alle Treibhausgase den Vorteil, dass sie über die Zeit in der Atmosphäre abgebaut werden. Allerdings kann der Zeitraum bis zum Abbau erheblich sein. Bei den im GHG berücksichtigten Gasen trägt auch hier wieder Schwefelhexafluorid die rote Laterne mit 3'200 Jahren.

Es gibt daneben noch weitere Treibhausgase, die nicht im GHG erfasst sind. Deren Treibhauspotenzial kann durchaus erheblich sein. Dazu gehören die Fluorkohlenwasserstoffe (FCKW). Deren Einsatz, zum Beispiel als Kältemittel in Kühlanlagen, ist in den letzten 30 Jahren weltweit aufgrund internationaler Abkommen in sehr starkem Maß eingeschränkt worden und sinkt weiter. Die klimaschädigende Wirkung der FCKW wird insbesondere dadurch verstärkt, dass sie chemisch außerordentlich stabil sind und zum Teil Verweildauern in der Atmosphäre erreichen, die diejenige des Schwefelhexafluorids noch überschreiten.

Bei der praktischen Ermittlung der Unternehmens-CO_2-Bilanz sieht das GHG eine Aufteilung in verschiedene Emissionskategorien

---

[4] In der EU werden derzeit die im UNFCCC-Dokument FCCC/CP/2013/10/Add.3 zusammengefassten CO_2-Äquivalente einzelner Treibhausgase verwendet, siehe https://unfccc.int/resource/docs/2013/cop19/eng/10a03.pdf

vor, den sogenannten Scopes. Die Darstellung in Abbildung 3: Emissionskategorien nach GHG gibt einen Überblick zu den einzelnen Elementen, welche den Scopes zugeordnet sind.

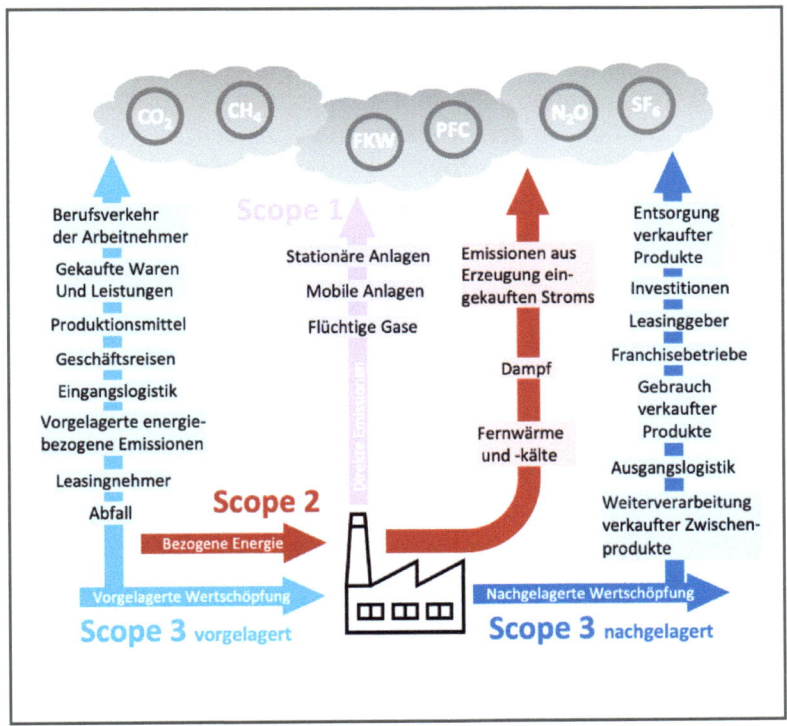

Abbildung 3: Emissionskategorien nach GHG

Die drei Scopes werden gem. GHG wie folgt beschrieben:

Scope 1: Emissionen aus Quellen, die direkt in Ihrem Besitz oder Geltungsbereich sind (bspw. Betrieb des eigenen Heizkessels oder Fuhrpark).

Scope 2: Emissionen aus der Nutzung von Energie, die Sie einkaufen (z. B. der eigene Stromverbrauch, Wärme, Kühlung, etc.).

Scope 3: Emissionen, die aus Aktivitäten resultieren, die nicht direkt zu Ihrem Unternehmen gehören (z. B. aus Geschäftsreisen oder dem Abfallmanagement). Das Berichten von Scope-3-Emissionen ist nach dem GHG-Standard derzeit freiwillig.

CO_2-Bilanzen können für unterschiedliche Bezugsreferenzen ermittelt werden, angefangen von der persönlichen CO_2-Bilanz über den Unternehmens- bzw. Organisationsfußabdruck und den Projekt-Fußabdruck bis hin zum Produkt-Fußabdruck. In dem hier behandelten Kontext ist der Unternehmensfußabdruck von Interesse. Der Unternehmens-CO_2-Fußabdruck ist das Gesamtmaß aller Treibhausgasemissionen eines Unternehmens oder einer Organisation ausgedrückt in CO_2-Äquivalenten. Sie bestimmt die Klimaauswirkungen aus der Tätigkeit eines Unternehmens oder einer Organisation. In diesem Artikel wird dabei Bezug genommen auf das GHG, da dies der international am weitesten verbreitete Standard für die Erstellung einer Unternehmens-CO_2-Bilanz ist. Es existieren daneben natürliche weitere Normen und Standards. Insbesondere zu nennen ist hierbei die DIN/ISO 14064-1:2019 „Grundsätze für und die Anforderung an die quantitative Bestimmung und Berichterstattung von Treibhausgasemissionen und von dem Entzug von Treibhausgasen auf Organisationsebene." Dieser Standard stellt eine Überführung der GHG in das internationale Normensystem ISO und das deutsche Normensystem DIN dar. Insofern bestehen zwischen diesen beiden Standards keine eklatanten Unterschiede.

Die Grundlage für die Ermittlung des Unternehmensfußabdrucks bildet die Festlegung der Organisationssystemgrenzen. Die Festlegung ist wichtig, um die Schnittstellen gegenüber der Umwelt festzulegen. Eine konsistente Handhabung der Organisationsgrenzen bei der Ermittlung aller Scopes ist wichtig, um korrekte und vergleichbare Ergebnisse zu erzielen. Die Abgrenzung der Systemgrenzen kann zum Beispiel nach den gehaltenen Anteilen am Unternehmen erfolgen oder nach dem Prinzip der effektiven Kontrolle.

Mithilfe der folgenden Schritte wird die CO_2-Bilanz ermittelt:

1) Emissionsquellen identifizieren

2) Berechnungsgrundlagen auswählen

3) Daten sammeln und Emissionsfaktoren auswählen

4) Berechnungstools anwenden

5) Daten für die gesamte Organisation zusammenfassen

Innerhalb dieser Schritte sind Herausforderungen zu erwarten, die sich von Unternehmen zu Unternehmen unterscheiden werden. In produzierenden Unternehmen mit komplexen Prozessen gilt es z. B. zunächst festzustellen, an welchen Stellen und an welchen Prozess-Schritten Emissionen überhaupt entstehen und welche dies sind. Dazu gehören Emissionen aus stationären Energieanlagen (z. B. Heizungen, Kraftwerke, Turbinen, Verbrennungsanlagen) als auch mobile Anlagen (vor allem Transportmittel). Es ist zu berücksichtigen, dass auch bei Prozessen flüchtige Gase entstehen können. Es sind sowohl beabsichtigte als auch unbeabsichtigte Emissionen einzubeziehen. Unbeabsichtigte Emissionen können zum Beispiel von undichten Ventilen, Dichtungen, Verbindungen oder Verpackungen herrühren. Auch Ausgasungs- und Verlustprozesse während der Lagerung gehören zu den Emissionsquellen. Diese Aufzählung zeigt bereits, dass an vielen Stellen keine präzisen Messungen möglich sind.

Die Wahl der Berechnungsgrundlagen kann sehr unterschiedlich sein. Nur in sehr wenigen Fällen dürfte es gelingen, die direkten Emissionen tatsächlich zu messen. In aller Regel werden anerkannte Emissionsfaktoren zur Schätzung herangezogen. Dabei können auch kleine Verbraucher die Scope 1 und Scope 2 – Emissionen mit recht guter Genauigkeit schätzen, indem der Primärenergie- und Elektroenergieverbrauch als Grundlage herangezogen wird. Die Scope 3 – Emissionen stellen die größte Unsicherheit dar. Viele Elemente lassen sich jedoch aus Nutzungsdaten ableiten,

z. B. aus den im Berufsverkehr durch die Belegschaft zurückgelegten Entfernungen. Mit geeigneten Berechnungstools lassen sich daraus die Emissionen bestimmen. Schwieriger ist die Ermittlung von Emissionen, die aus Zulieferungen resultieren. Die Zusammenarbeit mit der gesamten Lieferkette ist in diesem Fall erforderlich. Hier wird deutlich, dass die genaue Bestimmung der Organisationsgrenzen wichtig ist: Die gewählten Organisationseinheiten sollten nicht zu komplex sein, um eine eindeutige Ermittlung der Emissionen zu ermöglichen. Sie sollten auch eindeutig voneinander abgegrenzt sein, um Doppelzählungen zu vermeiden. Dem Grundlagenschritt der Ermittlung der Organisationsgrenzen sollte daher hohe Aufmerksamkeit zukommen. Bei geeigneter Setzung der Grenzen ist die Zusammenführung auf Organisationsebene ein einfacher letzter Schritt.

Die Expense Reduction Analysts – Organisation für Deutschland, Österreich und die Schweiz (ERA DACH) – hat für das Berichtsjahr 2021 erstmalig einen Nachhaltigkeitsbericht gem. Deutschem Nachhaltigkeitskodex (DNK) veröffentlicht. Als primäre Emissionsquellen wurden dabei die einzelnen ERA-DACH-Partner (insgesamt ca. 150) ermittelt. Die ERA-DACH-Partner arbeiten verteilt an vielen Standorten im Homeoffice. Daneben gibt es eine Zentrale in Wiesbaden. Die genauen Emissionen jedes einzelnen Partners zu ermitteln, ist nicht praktikabel. Daher wurde der Ansatz gewählt, neben den Emissionen der Zentrale für eine ausgewählte Zahl von Partnern die genaue CO_2-Bilanz zu ermitteln (insgesamt 6), u. a. auch vom Autor. Aus diesen Ergebnissen wurde dann eine Gesamtemission hochgerechnet. Die Emissionen der einzelnen Partner fielen dabei sehr unterschiedlich aus, von 1,6 t CO_2e bis 8 t CO_2e pro Jahr. Die Unterschiede ergaben sich aus dem Reiseverhalten, den genutzten Transportmitteln, den verwendeten Energieträgern sowie aus der Wahl des Stromlieferanten. Wie bereits oben erwähnt, hat sich die Ermittlung von Scope 3-Emissionen als schwierigster Schritt erwiesen. Für die Zuarbeit des Autors zum ERA DACH-Nachhaltigkeitsbericht hat der Autor mehrere verschiedene Zulieferer konkret nach den Emissionen ihrer Produkte gefragt. Die Reaktionen fielen sehr unterschiedlich aus: In einem Fall erfolgte ein Verweis auf die Beschreibung der Nachhaltigkeitsaktivitäten auf der Unternehmenswebseite, in einem weiteren Fall erfolgte die Zusendung des Nachhaltigkeitsberichts des Unternehmens – und in einem dritten Fall wurde mitgeteilt, dass die Informationen derzeit nicht zur Verfügung stehen, man jedoch in der Zukunft in der Lage sein werde, konkrete Emissionsinformationen zu den Produkten angeben zu können. Letzteres ist auch ein Zukunftsausblick: Durch die vorgesehene Ausweitung der gesetzlichen Verpflichtung zur Nachhaltigkeitsberichterstattung, wird es auch für andere Unternehmen leichter, die erforderlichen Daten in der Wertschöpfungskette verlässlich zusammenzutragen.

Eine CO_2-Bilanz für ein Unternehmen aufzustellen, sollte kein Selbstzweck sein. Ziel ist es, einen Verbesserungsprozess anzustoßen. Der als Deming-Kreis bekannte Ansatz, siehe Abbildung 4: Deming-Kreis "Plan-Do-Check-Act", ist dabei eine gute Richtschnur. Dieser Ansatz ist aus dem Qualitäts- und Prozessmanagement bekannt und hat in die einschlägigen Normen des Qualitäts- und Prozessmanagements Eingang gefunden. Er eignet sich auch für das Nachhaltigkeitsmanagement.

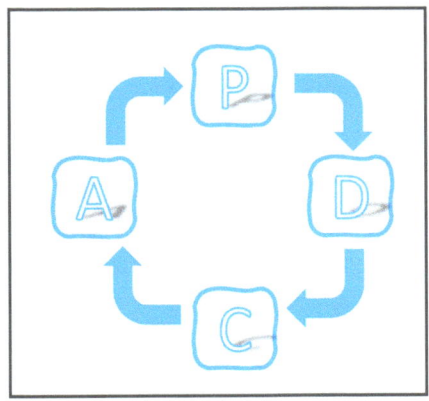

Abbildung 4: Deming-Kreis "Plan-Do-Check-Act"

In einem ersten Schritt wurde die Erstellung einer CO_2-Bilanz geplant („Plan"), im zweiten Schritt wurde die Bilanz erstellt

(„Do"). In einem dritten Schritt ist die Überprüfung und Messung der Emissionen in regelmäßigen Zeitabständen erforderlich („Check"), um daraus geeignete Maßnahmen zur Verbesserung einzuleiten („Act"). Für diese Verbesserungsmaßnahmen gilt eine klare Hierarchie: Emissionsvermeidung vor Emissionsreduktion vor Emissionskompensation. Diese ergibt sich aus den Ergebnissen der inzwischen zahlreichen Studien zum Thema Umweltauswirkungen von Emissionen. Im Grundsatz hat bereits die Club of Rome-Studie 1972 festgestellt, dass rein technologische Maßnahmen (Optimierung, Emissionsreduktion) nicht ausreichen, um das Erreichen der Wachstumsgrenzen zu verhindern. Daher ist die Vermeidung von Emissionen das Mittel der Wahl. Kompensationsmaßnahmen sind das am wenigsten wirksame Instrument, da keine direkte Vergleichbarkeit mit den zu kompensierenden Emissionen besteht und Manipulationsmöglichkeiten existieren.

Fazit

Die CO_2-Bilanz eines Unternehmens ist Teil der Nachhaltigkeitsstrategie. Die Anforderungen an Unternehmen, Nachhaltigkeit in ihre Unternehmensstrategie zu integrieren, werden in zunehmendem Maße auch gesetzlich verankert. Gesetze sind regelmäßig ein Spiegel gesellschaftlicher Tendenzen. Tatsächlich fordern die Anspruchsgruppen der Unternehmen (z. B. Anteilseigner, Kunden, Mitarbeiter) Nachhaltigkeit zunehmend ein. Das GHG steht als Instrument zur Verfügung, um eine Unternehmens-CO_2-Bilanz zu erstellen und Strategien zur Emissionsvermeidung abzuleiten.

5. Nachhaltige Verpackungslösungen – mehr als nur recyclingfähig

Armin Pinl

Was versteht man unter „Verpackung"?

Während die zu verpackende Ware als „Packgut" bezeichnet wird, bezeichnet man die zum Schutz der Umgebung und/oder des Packgutes angebrachte Hülle als Verpackung. Sie beeinflusst dabei wesentlich die Produktions- und Abpackprozesse sowie den Transport und die Lagerung. Darüber hinaus hat sie einen starken Einfluss auf die Vermarktung des Produktes selbst.

Wenn man so will, schützt eine adäquate Verpackung nicht nur das Produkt, sondern auch den Verbraucher. Es soll vermieden werden, dass Güter beschädigt oder im Fall von Lebensmittelverpackungen, gar verdorben beim Kunden ankommen. Dahinter verbirgt sich auch ein nicht zu unterschätzender ökologischer Aspekt, da beschädigte oder verdorbene Produkte ersetzt werden müssen.

Natürlich stellt der Einsatz von Verpackungsmaterial einen relevanten Kostenfaktor dar. Zu den betrachtenden Kosten für die Verpackung gehören nicht nur die Kosten für die Primärverpackung des Produktes, sondern auch der dazugehörige Verpackungsprozess, der für die Beförderung notwendigen Transportverpackung sowie die zum Beispiel für den Verschluss, die Kennzeichnung und die Transportsicherung notwendigen Packhilfsstoffe. Das Verpacken selbst ist ein nicht-wertschöpfender Prozess. Vor diesem Hintergrund wird klar, dass man als Unternehmen so wenig Kosten als möglich diesbezüglich generieren möchte.

Vereinfacht dargestellt lassen sich drei wesentliche Ausgangsstoffe zur Herstellung von Pack- und Packhilfsmitteln identifizieren:

- **Holz**, welches sich zum Beispiel für Paletten, Kisten, Verschläge, Holzaufsetzrahmen und Deckel sowie zur konstruktiven Verstärkung von Hybridlösungen gut verwenden lässt.

- **Karton, Papier und Pappe**, wie wir sie u. a. von Wellpapp-Kartonagen, Faltschachteln oder Papiertüten und Tragetaschen kennen.

- **Verschiedenste Kunststoffe**, wie exemplarisch benannt EPS-Formteile, Beutel, Hüllen und Hauben, Stretchfolien zur Packstücksicherung auf der Palette und viele weitere Varianten mehr.

Nachhaltigkeit – Weg in die Zukunft

Die Nachhaltigkeit von Verpackungen zu verbessern ist ein grundsätzliches Anliegen der neuen Verbrauchergeneration und kein temporäres Phänomen.

Die „Generation X" wird den Jahrgängen 1965 bis 1980 zugeordnet. Ihrem Handeln und Denken wird u. a. eine starke Prägung durch großen technischen Fortschritt, dem Umweltschutz und der Vermeidung von Umweltkatastrophen wie sie z. B. durch die Vergrößerung des Ozonlochs oder dem Reaktorunfall von Tschernobyl entstanden sind, zu vermeiden. Darauf folgte die Generation Y im Zeitraum von 1981 bis 1996. Die sogenannten Millennials sind eine hinterfragende Generation für die Status und Prestige eine untergeordnete und Freude an der Arbeit, Freiräume, Selbstverwirklichung und Freizeit im Vordergrund stehen.

Ebenso wie die 1997 bis 2010 nachfolgende Generation Z sowie die Generation Alpha (2011 bis 2025) sind diese Generationen digital vernetzt und gut informiert. Sie konzentrieren sich auf ihre eigenen Bedürfnisse. Richtungsweisend sind Themen wie Work-Life-Balance, politische Stabilität, Frieden, gesunde Ernährung, Klima- und Umweltschutz.

Die Grundbedürfnisse und die Denk- und Handelsweise dieser Generationen drängen darauf, nicht nur die Nachhaltigkeit von Verpackungen zu verbessern, sondern auch nach Möglichkeiten der gesamten Herstellungs- und Lieferindustrie zu suchen, Technologien zu entwickeln, die Prozessabfälle auf ein Minimum zu reduzieren, den Energieverbrauch senken sowie jegliche potenzielle Umweltrisiken weitestgehend zu vermeiden. Somit steht eine konstante Verbesserung der Umwelt- und Arbeitsbedingungen im Zentrum künftigen Agierens und Reagierens.

Nachhaltigkeit

Das hat selbstverständlich auch eine Auswirkung auf die Verpackungsindustrie. Das Thema „Nachhaltigkeit" ist in aller Munde und Verpackungen aus umweltschonend nachwachsenden Rohstoffen und/oder Rohstoffen aus recyceltem Material sind voll im Trend. Sie helfen einen möglichst kleinen CO_2-Fußabdruck zu hinterlassen. Natürlich dürfen dabei schlanke Produktionsprozesse und möglichst kurze Lieferketten nicht außer Acht gelassen werden.

Das Wort „Nachhaltigkeit" entlehnt sich aus dem Verb „nachhalten" und bedeutet in etwa „längere Zeit bleiben" oder „anhalten". Nachhaltigkeit bedeutet, dass der Natur nur dann und nur so viel Ressourcen entnommen werden dürfen, wie sie selbst wieder regenerieren kann. Der Grundgedanke zur Nachhaltigkeit ist keine Erfindung unserer Tage, auch wenn es zunächst so scheinen mag. Hans-Carl von Carlowitz prägte bereits 1713 diesen Begriff. Er kritisierte als sächsischer Oberberghauptmann den damals stark zu beobachtenden Raubbau an der Natur. Insbesondere die Rodung von Wäldern zur Brennstoffgewinnung oder für den Bergbau bei gleichzeitigem Einhergehen des starken Bevölkerungswachstums, erfüllten ihn mit einem sorgenvollen Blick in die Zukunft. So lautete dann auch seine Handlungsempfehlung, dass immer nur so viele Bäume gefällt werden sollten, wie durch gezielte Aufforstungsmaßnahmen wieder nachwachsen können.

Dieses Prinzip lässt sich beliebig auf die unterschiedlichsten Bereiche nachhaltigen Wirtschaftens und Konsumierens auch in unsere Zeit übertragen. Das Gegenteil ist jedoch seit Beginn der industriellen Revolution zu beobachten. Ökonomische Interessen stehen nach wie vor allzu häufig vor Ökologischen. Die Zerstörung von Ökosystemen schreitet weiter fort.

Nachhaltig leben fordert vom Einzelnen nicht mehr und nicht weniger als eine bewusste Lebensweise. Weniger und bewusster kaufen, darauf zu achten, was man kauft und langlebigeren, regional produzierten Waren den Vorzug geben. Es bedeutet aber auch, darauf zu achten, wie und in was verpackt wird. Dabei muss man kein Experte sein. Als Verbraucher haben wir ein sensibles Gefühl dafür, wann etwas überverpackt ist oder ob umweltfreundliche Materialien beim Verpacken verwendet wurden. Natürlich kann dieses Gefühl manchmal trügen, gleichwohl tragen wir in uns ein Meinungsbild, was zugegebenermaßen manchmal durch geschickte Marketingkampagnen der Verpackungsindustrie manipuliert wurde. Das ist jedoch zunächst sekundär, denn es zeigt den Keim der Verantwortung und einer bewussten Lebensführung, Dinge nicht einfach so an sich vorüberziehen zu lassen.

Warum sind also nachhaltige Verpackungen ein so wichtiges Thema für uns? Wie bereits eingangs erwähnt sind Verpackungen in vielen Fällen ein wichtiger, nicht selten unverzichtbarer Bestandteil von Produkten. Sie spielen eine entscheidende Rolle auf dem Transportweg, schützen bereits bei der Herstellung und Lagerung, haben eine Aufklärungs- und Attraktionsfunktion im Laden und ermöglichen Hygienebestimmungen einzuhalten sowie die Haltbarkeit des Produktes zu verlängern. Letzteres führt dazu, dass Produkte nicht so schnell weggeschmissen werden müssen, und auch das ist ein positiver Aspekt im Sinne der Nachhaltigkeit.

Auf der Umweltkonferenz der Vereinten Nationen in Rio de Janeiro im Jahre 1992 wurde der Begriff Nachhaltigkeit erstmals in unserer Zeit politisch geprägt. Die teilnehmenden Industrieländer definierten im Rahmen der Agenda 21 ein Aktionsprogramm. 2015 wurde durch die Staatengemeinschaft der Welt mit der Agenda 2030 ein erweiterter Zukunftsplan definiert. 17 Ziele in den Kategorien Mensch, Planet, Wohlstand, Frieden und Partnerschaft umfassen die „Sustainable Development Goals" (SDG).

Die globalen Ziele für nachhaltige Entwicklung der Agenda 2030:

- Keine Armut
- Kein Hunger
- Gesundheit und Wohlergehen
- Hochwertige Bildung
- Geschlechtergleichheit
- Sauberes Wasser und Sanitäreinrichtungen
- Bezahlbare und saubere Energie
- Menschenwürdige Arbeit und Wirtschaftswachstum
- Industrie, Innovation und Infrastruktur
- Weniger Ungleichheiten
- Nachhaltige Städte und Gemeinden
- Nachhaltiger/r Konsum und Produktion
- Maßnahmen zum Klimaschutz
- Leben unter Wasser
- Leben an Land
- Frieden, Gerechtigkeit und starke Institutionen
- Partnerschaften zur Erreichung der Ziele

Mit diesem Plan sollen ökonomische, ökologische und soziale Aspekte gleichermaßen zum Schutz der natürlichen Ressourcen Wasser, Luft und Boden, also der gesamten Umwelt und Natur für nachfolgende Generationen erhalten werden. Es geht also nicht darum den Unternehmen zu untersagen, möglichst hohe Gewinne zu erzielen. Vielmehr soll durch die Nachhaltigkeitsbestrebungen darauf abgezielt werden, langfristige angelegte Strategien der Firmen zu fördern.

„Nachhaltige Verpackung ist die Entwicklung und Verwendung von Verpackungen, die zu einer verbesserten Nachhaltigkeit führen …"

… so steht es in Wikipedia und das ist zunächst einfach formuliert. Allerdings steht dahinter eine Multidimension von Möglichkeiten und Lösungsansätzen. Lassen Sie uns einen Blick auf dieses Thema werfen, um zu verstehen, worauf bei nachhaltigen Verpackungen besonders geachtet werden sollte.

Der Großteil aller Verpackungsmaterialien findet in der Industrie und im E-Commerce Versandhandel Verwendung. In der Regel wird die Verpackung einmalig verwendet und danach der Entsorgung zugeführt. Das lässt die Müllberge ordentlich wachsen und ist so gar nicht nachhaltig.

Um dieser Entwicklung Einhalt zu gebieten und trotzdem diese Form des Wirtschaftens zu ermöglichen, bedarf es heutzutage nachhaltiger Lösungsstrategien. Natürlich könnte man durch einen einseitigen Verordnungskatalog Nachhaltigkeit erzwingen, was zum Teil auch getan wird. Allerdings gibt es auch eine Reihe nachhaltiger Alternativen, die den Unternehmen Vorteile durch den Einsatz umweltfreundlicher Verpackungslösungen bieten.

Was also ist eine „nachhaltige Verpackung" und welchen Prozess müssen Firmen diesbezüglich zu mehr Nachhaltigkeit durchlaufen?

Abbildung 1: Kriterien der Abfallreduzierung

Eine nachhaltige Verpackung berührt folgende Themenbereiche und erfüllt grundsätzlich die hier aufgeführten Kriterien:

- **Reduzieren|** sie ist auf die Produktanforderung und die Supply-Chain-Belastung ideal abgestimmt

- **Optimieren |** sie ist an den Verpackungsprozess angepasst

- **Wiederverwenden |** idealerweise lässt sie sich mehrmals wiederverwenden und

- **Wiederverwerten |** sie kann dort, wo sie entsorgt wird, mit den lokal gegebenen Technologien problemlos recycelt werden

Reduzieren

Üblicherweise präsentieren sich die Verpackungsportfolios der Firmen historisch bedingt. Ein Produkt wird entwickelt oder dem Verkaufsprogramm hinzugefügt; eine Verpackung wird benötigt; der Zulieferer mit einer kleinen Entwicklung und Bemusterung beauftragt; das Muster wird getestet und freigegeben und danach wird die Verpackung in das Standardportfolio aufgenommen. In der Regel wird diese Verpackung dann auch nicht weiter hinterfragt, es sei denn, sie hält den Anforderungen der Supply-Chain in der Praxis nicht stand, die Produktabmessungen oder das Design ändern sich und vielleicht möchte das Marketing oder der Kunde nochmals eine Änderung des Druckbildes oder insgesamt der Anmutung vornehmen.

In der Beratungspraxis zeigt sich sehr häufig, dass Verpackungen mitunter „überdimensioniert" sind.

Es ist zu prüfen, ob der tatsächliche Materialeinsatz dem Grundsatz nur so viel Material wie unbedingt nötig einzusetzen, folgt. Wurde also mit minimalem Materialeinsatz das erzielt, was unbedingt nötig ist. Die Botschaft ist klar: Je geringer der Materialeinsatz, desto nachhaltiger ist die Verpackung und desto weniger Ressourcen werden verbraucht.

Eine auf die Produktanforderung und die Supply-Chain-Belastung abgestimmte Verpackung muss sich den technologischen Neuerungen der Verpackungsindustrie stellen. Die Verpackungsindustrie ist, was die Möglichkeiten der Optimierung des Materialeinsatzes angeht, sehr innovativ und die Lösungsansätze von vor 10 Jahren sind mitunter durch neue Standards überholt oder ersetzt worden.

So macht es durchaus Sinn in zu definierenden Intervallen das Verpackungsportfolio einer generellen Überprüfung zu unterziehen. Die Reduzierung der Sortenvielfalt, die Optimierung des Materialeinsatzes und die Anpassung des Verpackungsdesigns an den Produktionsprozess sowie die Verbesserung der Arbeitsergonomie der Mitarbeiter an den Packplätzen sollten dabei im Fokus stehen. Das muss keineswegs zu einer Belastung des unternehmerischen Geldbeutels führen. Mitunter tragen diese interessanten Lösungsansätze einen positiven Kostenaspekt in sich. Durch das Reduzieren des Materialeinsatzes reduzieren sich nicht nur die Kosten für das Verpackungsmaterial, sondern es reduziert sich auch das Gewicht der Verpackung und damit des Packstücks.

So kann „Müll" vermieden und gleichzeitig Geld gespart werden. Das Aufkommen an Verpackungsmüll ist in den letzten 20 Jahren kontinuierlich gestiegen. 2019 fielen in Deutschland 18,91 Millionen Tonnen Verpackungen an. Papier und Karton haben mit 8,3 Millionen Tonnen den größten Anteil (Umweltbundesamt / UBA).

Optimieren

Das Verpacken selbst ist ein nicht wertschöpfender Prozess. Daher gilt es den Aufwand für das Verpacken so gering als möglich zu halten. Durch die Gestaltung und den Einsatz von manuellen, halb automatischen oder vollautomatischen Verpackungslösungen, lassen sich Packprozesskosten optimieren und reduzieren.

Insbesondere im E-Commerce Versandhandel, aber nicht nur da, spielt die Optimierung des Volumennutzungsgrades eine wichtige, mitunter entscheidende Rolle. Der Volumennutzungsgrad definiert das Verhältnis der maximalen Füllkapazität im Verhältnis zur tatsächlichen Ausnutzung des Volumens der Verpackung. Der Wettbewerbsdruck ist hoch und nicht selten gewinnt das Rennen, wer die Gebäudekosten, die Verpackungsprozess- und Materialkosten, die Personalkosten und nicht zuletzt die Frachtkosten am besten im Griff hat.

Je optimaler die Packstückgröße an das Packgut angepasst ist, desto höher ist der Volumennutzungsgrad. Indem Sie dieses Verhältnis optimieren, sparen und gewinnen Unternehmen gleich mehrfach. Es wird zum einen weniger Füll- und Polstermaterial verwendet. Dieses hat allermeist nicht die Funktion das Packgut vor der Transporteinwirkung zu schützen, wie man es von einem Polstermaterial erwartet, sondern im Falle des Einsatzes von Füllmaterial das Packgut vor der zu großen Verpackung zu schützen.

Zum anderen reduzieren sich das Gewicht und das Paketvolumen der Sendung. So wird also nicht nur im Materialeinkauf und der Lagerhaltung, sondern auch bei den Transportkosten gespart. Das führt ganz automatisch zu einem geringeren CO_2-Ausstoß.

Häufig lässt sich nicht ganz auf Füll- & Polstermaterial verzichten. Hierfür bietet die Verpackungsindustrie zahlreiche nachhaltige Alternativen wie z. B. Papier-, Wellpapp- oder Folienpolster an. Diese sind sowohl ohne als auch mit einem recycelten Sekundärstoffanteil zu beziehen. Folien aus biologisch abbaubaren Rohstoffen sowie Verpackungschips aus Maisstärke liegen voll im Trend. Gleichwohl sollte bei aller Umweltfreundlichkeit die Müllvermeidung auch hier wieder im Zentrum der Überlegung stehen.

Wiederverwenden

Ein gutes Beispiel für das Wiederverwenden sind die Tragetaschen im Supermarkt. Ob Plastik, Papier oder Textil, egal aus welchem

Material die Tragetaschen bestehen, wenn sie nur einmalig benutzt werden, sind sie nicht umweltfreundlich. Je häufiger sie benutzt werden, desto besser.

Wenden wir uns der Industrie zu. Nicht immer ist es möglich, im Pendelverkehr zwischen dem Ort des Verpackens und dem des Entpackens standardisierte Verpackungen hin und her zu senden. So sind Einwegverpackungen nach wie vor der Standard. Wo es jedoch möglich ist, Verpackungen mehrmals zu verwenden, bedeutet es auch gleichzeitig, Müll zu reduzieren. Insbesondere im internen Werksverkehr kann es durchaus Sinn machen, Verpackungslösungen zu priorisieren, die dem einen oder anderen Kreislauf besser standhalten. Kleinladungsträger aus Kunststoff oder besonders stabiler Wellpappe ermöglichen einen Einsatz über längere Zeiträume.

Selbst Verpackungen vom Vorlieferanten bereits in einer Größe anzufordern, die sowohl die Halbfertigware als auch die Fertigware von vornherein aufnehmen kann, sind Lösungen, die es zu evaluieren gilt, sofern sich dieses Thema wirtschaftlich sinnvoll abbilden lässt.

Wiederverwenden bedeutet aber auch, dass die im E-Commerce eingesetzten Transportverpackungen von vornherein so konzipiert werden, dass diese auch für den Retouren-Versand genutzt werden können. Die Zeiten der „Self-Destroying-Packaging Gestaltung", die eine einfache Rücksendung gar verhindern oder so schwer wie möglich machen soll, ist sicher vorbei. Kundenorientierung ist gefordert und wird da, wo sie nicht gegeben ist, vom Verbraucher durch sein Kaufverhalten abgestraft.

Wiederverwerten

Wenn schon eine Einwegverpackung eingesetzt werden muss, dann sollte sie auch recycelbar sein. Sinnvolle recycelbare Verpackungslösungen orientieren sich sowohl an den Materialsammlungs- und -Sortierungsmöglichkeiten des

Endkunden, als auch an den jeweiligen Industriestandards der Sammel- und Recyclingindustrie, in deren Einzugsgebiet sich der Endkunde befindet.

Für den Endkunden sind Angaben wie „vollständig recycelbar" etwas irreführend, da man zunächst davon ausgeht, dass diese Verpackung besonders umweltfreundlich ist. Dabei darf nicht übersehen werden, dass diese Verpackung erst recycelt werden muss, um das Prädikat „umweltfreundlich" auch wirklich zu verdienen. Was eine Verpackung umweltfreundlicher macht und sie auch als solche kennzeichnen würde, wäre ein Vermerk, der den tatsächlichen Recyclinganteil anzeigt.

Auf Kartonagen findet man häufig das RESY-Symbol aufgedruckt, welches von der Organisation für Wertstoffentsorgung GmbH vergeben wird. Die so gekennzeichneten Verpackungen sind zu 100 % recyclingfähig, entsprechen der aktuellen Verpackungsverordnung und garantieren die Rücknahme und stoffliche Verwertung.

Die Recyclingfähigkeit sagt also nicht sonderlich viel darüber aus, ob ein Produkt dem Recyclingkreislauf wieder zugeführt werden kann. Besteht es zum Beispiel aus mehreren Komponenten, die zudem fest miteinander verbunden sind, ist dies nicht ohne Weiteres möglich. Gerade im Lebensmittelbereich gibt es Verpackungen, die aus bis zu elf unterschiedlichen Kunststoffen bestehen, die übereinandergeschichtet werden.

Das Wiederverwerten oder Rezyklieren bedeutet in den wenigsten Fällen, dass daraus ein neues, gleichwertiges Produkt wird. Obwohl bei Glas und Papier die tatsächlichen und die gesetzlichen Quoten relativ hoch sind, da sich diese Materialien mit relativ geringem Qualitätsverlust wiederverwerten lassen, gilt das nicht für alle Verpackungsmaterialien.

Meist können wir hier eher von einer Abwärtsspirale oder dem Down-Cycling sprechen, an deren Ende häufig die thermische Verwertung oder Deponierung des Abfalls steht.

Eine große Herausforderung für die Recyclingindustrie hierzulande ist die Wiederverwertung von Verpackungen, die aus verschiedenen Materialien bestehen. Die einzelnen Materialien innerhalb einer Verpackung stofflich voneinander zu lösen, ist nicht gerade trivial. Besonders umweltfreundliche Verpackungen sind also nur diejenigen, die bei der Wiederverwertung leicht voneinander getrennt werden können oder von vornherein aus einem Monomaterial, wie zum Beispiel Wellpappe oder nur einer Art von Kunststoff (z. B. PET oder PP) bestehen. Solche Materialien sind in der Regel zu 100 % wiederverwendbar.

Der Gesetzgeber sieht bei Lebensmittelverpackungen entsprechende Beschränkungen vor, wenn es um die Verwendung von Rezyklat geht. So soll vermieden werden, dass unerwünschte Stoffe in das Lebensmittel übergehen. Direkter Kontakt von recycelten Materialien ist derzeit lediglich bei PET- und Glasflaschen erlaubt, so das Verpackungsregister.

Recycling & Duale Systeme

Recyclingquoten werden hierzulande gesetzlich festgelegt und damit steht der prozentuale Anteil der Wiederverwendung fest. Im Verpackungsgesetz von 2019 wurden Quoten für die verschiedensten Produktgruppen definiert. Diese sollen nun schrittweise erhöht werden. So wurde zum Beispiel für Papier- und Glasmüll ab 2022 ein Ziel von 90 % definiert. Bei Kunststoffen liegt das Ziel des Recyclinganteils bei 63 %.

Verpackungen, die von Unternehmen erstmals in Verkehr gebracht werden, müssen diese bei einem der dualen Systeme melden. Hierfür sind Lizenzen notwendig und Gebühren fallen an.

„In Deutschland gibt es aber nicht nur eines, sondern zehn duale Systeme. Sie stehen miteinander im Wettbewerb, alle kämpfen um die Preisführerschaft. In einem so hart umkämpften Markt geht es nicht primär darum, jene Firmen ökonomisch zu belohnen, die ökologisch sinnvolle, recyclingfähige

Verpackungen in den Verkehr bringen; hier bekommt der mit dem günstigsten Angebot den Zuschlag. Zwar finden sich im Verpackungsgesetz sogenannte „Designstandards", die für eine bessere Recyclingfähigkeit der Verpackungen sorgen sollen. Solange diese jedoch nicht verpflichtend sind, regiert nur der Preis", kritisiert Thomas Fischer, Bereichsleiter Kreislaufwirtschaft bei der Deutschen Umwelthilfe (DUH).

Sind Verpackungen ohne Kunststoff umweltfreundlicher?

Plastikbasierte Verpackungsmaterialien sind aus der Verpackungsindustrie nicht wegzudenken und nur schwer zu ersetzen. Stretchfolien oder Umreifungsbänder, Klebebänder und Beutel, Hüllen oder Hauben, Versandtaschen, Kunststoffpaletten und vieles mehr werden als Packhilfsmittel verwendet.

Nicht selten bestehen diese Materialien bereits heute aus mitunter mehrfach recycelten Verpackungsabfällen oder Produktüberschüssen aus der Industrie sowie aus Verpackungsabfällen privater Haushalte. Mehrfach recycelt bedeutet dann natürlich auch, dass diese Packhilfsmittel dem Kreislauf nochmals zugeführt werden können. In diesem Zusammenhang kann man durchaus von Nachhaltigkeit sprechen. Doch es geht auch immer noch ein Quäntchen besser und die Unternehmen sind aufgefordert, sich auch hier weiter zu sensibilisieren und zu berücksichtigen, dass Papierverpackungen im Vergleich zu Kunststoffalternativen bei gleicher Reißfestigkeit bis zu doppelt so schwer sind. Vor allem benötigen sie für die Herstellung deutlich mehr Energie, Wasser und Chemikalien.

Das subjektive Empfinden, Papier und Pappe sei meist umweltfreundlich, ist also zu hinterfragen. Rund 70 Prozent der Verbraucher*innen sind einer Umfrage zufolge der Meinung, dass Papier und Pappe besonders nachhaltige Verpackungsmaterialen sind. Plastik bezeichnen nur sechs Prozent (Simon-Kucher/Statista 2022) der Befragten als umweltfreundlich.

Transportverpackung aus Wellpappe

Die Transportverpackung Nummer 1 ist der gemeinhin als „umweltfreundlich" wahrgenommene Versandkarton aus Wellpappe, aber ist das auch wirklich korrekt? Tatsächlich liegt der Recyclinganteil bei über 80 %. Auch die Entsorgung über funktionierende Altpapierkreisläufe ist für Unternehmen und Privathaushalte problemlos. Die Bilder von mit Plastikmüll verschmutzten Gewässern haben wir alle vor Augen. Die Nachrichten sind voll von Berichten über Mikroplastikmüll, welches längst in unsere Nahrungskreisläufe Einzug gehalten hat und so Mensch und Tier gleichermaßen gefährden.

Doch wie umweltfreundlich sind Verpackungen aus Wellpappe tatsächlich? Natürlich hat Papier gegenüber Plastik grundsätzlich den Vorteil, dass es biologisch abbaubar ist und so die Umwelt nicht dauerhaft belastet. Zudem wird Papier aus Holz hergestellt, was ein nachwachsender Rohstoff ist.

Gleichwohl wird die Umwelt durch die Holzernte und weiter durch die Verarbeitung zu Papier belastet. Die hohe Nachfrage nach Zellstoff trägt maßgeblich zur weltweiten Zerstörung des Waldes bei. Hinzu kommt, dass das Herauslösen der Fasern aus Holz und die Gewinnung von Zellstoff ein energieaufwendiger und ressourcenintensiver Prozess ist.

Der Anteil am verarbeitenden Primärfasermaterial stammt zu 80 % aus Importen und somit verlagern sich die Auswirkungen des Raubbaus an der Natur auf das Ausland, so das Umweltbundesamt. Im Vergleich dazu weist dann natürlich die Gewinnung von Fasermaterial durch Recyclingpapier eine verbesserte Umweltbilanz aus. Es schont die Wälder und benötigt weniger Energie und Wasser.

Ein weitverbreiteter Irrtum, der sich in den Köpfen der Verbraucher festgesetzt hat, ist die Annahme, dass braunes Papier oder Karton umweltfreundlicher ist als weißes Papier. Auch braunes Papier oder Karton werden häufig aus frischen Fasern mit einem sehr geringen Altpapieranteil hergestellt. Somit sagt die Farbe des Papieres grundsätzlich wenig aus.

Was bedeutet eine FSC- und PEFC-Zertifizierung?

FSC (Forest Stewardship Council) und PEFC (Programme for the Endorsement of Forest Certification) sind wohl die beiden bekanntesten Gütesiegel für nachhaltige Forstwirtschaft, was wiederum bedeutet, dass in den Forsten ein selektiver Holzeinschlag erfolgt und für jeden gefällten Baum ein Neuer gepflanzt wird. Das wäre dann eine 100 Prozent nachhaltige Waldbewirtschaftung.

Der Unterschied besteht im Zertifizierungsvorgang. Für FSC entscheidet ein eigenes Tochterunternehmen des Forest Stewardship Councils, wer zertifizieren darf und wer nicht. Die dazugehörige Kontrolle erfolgt ebenfalls über die zertifizierende Einrichtung. Bei der PEFC-Zertifizierung geschieht dies auf Basis der ISO-Normen. Es gibt also keine eigene Organisation, die zertifizierende Einrichtungen kontrolliert.

PEFC prüft in Ländern bestehende Zertifikate auf Nachhaltigkeit und koppelt seinen Namen an diese Gütesiegel, wenn diese die Anforderungen erfüllen, während FSC einen selbst festgelegten Standard hat, dem Unternehmer entsprechen müssen, bevor sie mit dem FSC-Gütesiegel werben dürfen (gadero.de).

Mit der FSC-Zertifizierung wird also Papier aus Frischfasern gekennzeichnet, bei dem das verwendete Holz aus nachhaltiger Forstwirtschaft stammt. „FSC-Mix" kennzeichnet Papier aus nicht vollständig zertifizierter Forstwirtschaft.

Sowohl „FSC-Mix" als auch „FSC-Recycled", was so viel bedeutet wie „Recyclat aus ursprünglich FSC-zertifiziertem Papier", lassen bei Papierprodukten die Verwendung von Produktionsresten der Papierindustrie, sogenannte Pre-Consumer-Ware, zu.

Der Einsatz von beschichtetem Verbundmaterial aus Papier

Der Einsatz von Spezialpapieren mit einer Beschichtung ist alleine schon deshalb notwendig, da Papier weder Trenneigenschaften gegenüber Fetten hat noch wasserabweisend oder gar wasserfest ist. Gerade diese Eigenschaften sind jedoch zum Beispiel für den Einsatz in der Lebensmittelindustrie elementar. Denken Sie dabei an das fettige Gebäck, das im Ofen zu erwärmende Fertiggericht, den Besuch beim Fast-Food-Laden um die Ecke oder ganz einfach den Coffee-to-go-Becher beim Bäcker nebenan. All diese umweltfreundlich anmutenden Verpackungen benötigen eine entsprechende Beschichtung, um ihre Funktion zu erfüllen.

Diese Beschichtungen werden durch Bedampfung, Verklebung oder Bedruckung aufgebracht. Auch ein weitaus tieferes Einbringen in das Grundmaterial ist möglich. Nicht immer sind die verwendeten Materialien gesundheitlich unbedenklich oder so umweltverträglich, dass sie sich innerhalb kurzer Zeit wieder abbauen, weiß BR24-Wissen und das Umweltbundesamt (UBA) zu berichten.

Da sich beschichtetes und unbeschichtetes Papier sehr ähnlich sehen können, stellt es den Verbraucher bei der Entscheidung, welcher Entsorgungsweg nun der richtige ist, vor eine gewisse Herausforderung. Papier kommt in die Papiertonne, Verbundmaterialien, sofern sie sich vom Verbraucher nicht voneinander lösen lassen, in den Gelben Sack oder zum Wertstoffhof. Letztere können dem Papierkreislauf nicht mehr zurückgeführt werden. Im Worst Case werden sie der thermischen Verwertung zugeführt, sprich sie werden verbrannt.

Lohnt sich der Einsatz von nachhaltigen Verpackungsmaterialien für Ihr Unternehmen?

Nachhaltigkeit ist ein Thema, welches den Geist der Zeit trifft. Die jungen Generationen haben das Ziel und den Wert dieses Themas für ihre eigene Zukunft erkannt und somit ist es kein flüchtiger Trend mehr, den es auszusitzen gilt. Die jungen Verbraucher fordern bereits jetzt Nachhaltigkeit von den Herstellern und Händlern entlang der gesamten Wertschöpfungskette ein. Die Firmen sind also aufgefordert, den Blick auf sich selbst und auf die eigene Nachhaltigkeitsstrategie zu richten.

Der Kunde hat ein sensibles Gespür dafür, ob eine Verpackung aus umweltfreundlichen Materialien besteht oder gar eine Überverpackung stattfindet. 76 Prozent aller Onlinekunden legen großen Wert auf die Umweltverträglichkeit der eingesetzten Verpackungsmaterialien. Das beeinflusst wiederum die Kaufentscheidung und ist nicht zuletzt deshalb unbedingt zu berücksichtigen. Somit dient eine nachhaltige Verpackung nicht nur zur Gewissensberuhigung, sondern auch zur Belebung und Erhaltung der ureigensten wirtschaftlichen Interessen eines Unternehmens.

Frustfreie Verpackungslösungen sind ein großes Thema für Onlinekunden. Je mehr Verpackungsmüll am Ende nach dem Auspacken des Produktes übrig bleibt, desto schrecklicher bewerten die Kunden das Einkaufserlebnis. Eine viel zu große Verpackung und reichlich Füllmaterial sowie der üppige Einsatz von Klebebändern zum Verschluss der Kartonage, lassen ein Unternehmen unprofessionell erscheinen und den Frustpegel bei Kunden steigen. Mit anderen Worten: Das Einkaufserlebnis wird negativ getrübt und wirkt sich auf die künftige Kaufentscheidung der Kunden aus.

Wie wäre es mit einer Versandverpackung, die leicht zu öffnen ist und bereits äußerlich die Professionalität Ihres Hauses unterstreicht? Nach dem Öffnen stellen Sie fest, dass sich die Größe der Transportverpackung optimal an der Größe des Packgutes orientiert hat. Es wurde kein oder kaum ein Füllmaterial verwendet und wenn schon, dann eher, um zu polstern und das Packgut auf dem Transportweg vor negativen äußeren Einwirkungen zu schützen. Nach der Entnahme des Produktes lässt sich die Verpackung gut zerlegen und in der Papiertonne entsorgen. Es wurden keine Verbundmaterialien, die schlecht zu trennen und zu recyceln sind verwendet. Die Verpackung selbst besteht eindeutig aus einem leicht dem richtigen Entsorgungsweg zuzuordnenden Monomaterial und auch an die Rücksendung bei Nichtgefallen wurde gedacht. Ohne zusätzliche Hilfsmittel kann die Verpackung wieder verschlossen und retourniert werden.

Ökologische, frustfreie und daher kundenfreundliche Verpackungen verbessern die Kundenbindung. Daran besteht kein Zweifel.

Schlussfolgerung

Die Frage, welche Verpackung nun wirklich die umweltfreundlichste ist, kann also nicht so einfach beantwortet werden. Zu viele Faktoren beeinflussen die Umweltbilanz und häufig entscheidet der Verbraucher mittels gefühlter Werte, ob eine Verpackung subjektiv umweltfreundlich ist oder nicht. Auch die objektive Bewertung der Nachhaltigkeit ist für Unternehmen in Bezug auf das eingesetzte Verpackungsmaterial enorm komplex. Aspekte wie der beschriebene Volumennutzungsgrad, der Recyclinganteil, die Nutzungshäufigkeit, der Materialanteil und die Materialkomposition insgesamt oder die Füllmenge sind ursächlich für diese Komplexität. Deshalb ist und bleibt es weiterhin eine große Herausforderung zu beurteilen, welche Verpackung die umweltfreundlichste und empfehlenswerteste ist.

Viel wichtiger ist es für die Unternehmen, den Prozess der Verpackungsoptimierung in Richtung mehr Nachhaltigkeit zu starten und sich über die Jahre auf eine Reise zu begeben, bei der das Bessere stets das bestehende Gute ersetzt.

Ein Beispiel: Das IFEU-Institut für Energie- und Umweltforschung hat im Rahmen des Forschungsprojektes Innoredux sowie im Auftrag des Naturschutzbundes Verpackungsalternativen für ausgewählte Lebensmittel und Produkte verglichen. Demzufolge verursacht ein Verbundkarton bei passierten Tomaten weniger klimarelevante Emissionen als Weißblechdosen und Einweg- wie Mehrweg-Glas. Beim Mehrweg-Pfandglas entsteht jedoch weniger Abfall.

Was jedoch mit Sicherheit gesagt werden kann, ist, dass die Vermeidung des Einsatzes von Verpackungsmaterial stets besser ist als das Recycling. Zudem darf nicht außer Acht gelassen werden, dass das Recycling nur auf Platz 3 der Abfallhierarchie zu finden ist.

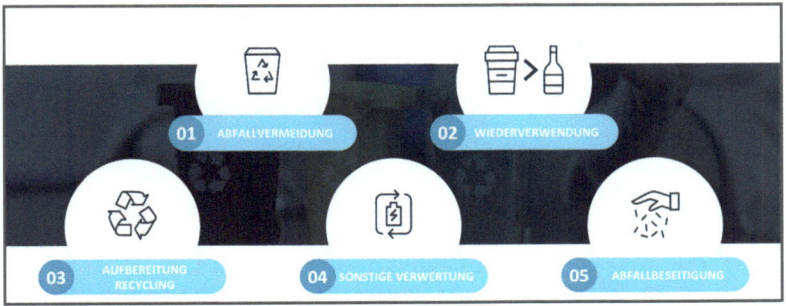

Abbildung 2: Die Abfallhierarchie

Platz 1 ist die konsequente Verpackungsvermeidung. Platz 2 geht an die Wiederverwendung und erst auf Platz 3 finden wir das Recycling. Einzig die thermische Verwertung zur Energiegewinnung mit anschließender oder unmittelbarer Deponierung schneidet in der Abfallhierarchie schlechter ab.

Recycling schont zweifelsohne Ressourcen, die Materialien selbst verlieren jedoch während des Aufbereitungsprozesses zum Teil ihre ursprünglichen Eigenschaften und natürlich fließt jede Menge Energie und Wasser in die Aufbereitung.

Vision

Das Verpackungsaufkommen und die eingesetzten Verpackungsmaterialien spiegeln unsere Konsumgesellschaft wider. Es zeigt, wie wir zum Thema Nachhaltigkeit stehen, und welchen ideellen Wert wir als Gesellschaft diesem Thema zuordnen.

Es liegt sicherlich nicht alleine am Gesetzgeber oder an einem Mangel an Alternativen, die zur Deckung des Verpackungsbedarfs der Industrie und dem Einzelnen zur Verfügung stehen. Eine auf Nachhaltigkeit fokussierte Wirtschaft unterscheidet sich deutlich von der heutigen. Stark reduzierter Energie- und Ressourcenverbrauch, möglichst gering verpackte Konsumgüter und lokal orientierte Versorgungsketten, insbesondere für Lebensmittel sowie wenig verarbeitete Lebensmittel etc.; all das sind Aspekte, die in einer nachhaltigeren, klimaneutralen Wirtschaft eine wichtige Rolle spielen. Das Streben nach Vermeidung und Reduzierung des Einsatzes von Verpackungsmaterial, und wenn schon verpackt werden muss, dann zumindest mit Materialien, die ressourcenschonend aufbereitet wurden, stehen dabei im Vordergrund.

Dazu bedarf es einer objektiven und fundierten Information. Einseitige Berichterstattung wird abgelöst von einer Aufklärung der Verbraucher – ohne den Einfluss geschickter Marketingstrategen.

In einer nachhaltigen klimaneutralen Wirtschaft wären weniger Verpackungen erforderlich, was bedeutet, dass weniger Verpackungsmöglichkeiten bestünden und einfachere Verpackungsformen erforderlich sein würden.

ISO-Normen

Im Jahre 2013 wurde die Normenreihe der ISO zu Verpackung und Umwelt veröffentlicht:

- ISO 18601: 2013 Verpackung und Umwelt Allgemeine Anforderungen für die Anwendung von ISO-Normen im Bereich Verpackung und Umwelt
- ISO 18602: 2013 Verpackung und Umwelt Optimierung des Verpackungssystems
- ISO 18603: 2013 Verpackung und Umwelt Wiederverwendung
- ISO 18604: 2013 Verpackung und Umwelt Materialrecycling
- ISO 18605: 2013 Verpackung und Umwelt Energierückgewinnung
- ISO18606: 2013 Verpackung und Umwelt Organisches Recycling

6. Nachhaltigkeit und Unternehmenskultur als Erfolgsfaktor im „War for Talents"

Robert Simon

Einführende Fragen – ein Perspektivwechsel:

- Sind die Fachkräfte[1] alle verschwunden oder arbeiten diese nur woanders?

- Warum sollten die Fachkräfte in meinem Unternehmen arbeiten, bzw. was haben diese davon?

- Stimmt die Formel: Gute Jobs + guter Arbeitgeber = gute Bewerber?

Der Arbeitsmarkt heute und in der Zukunft

Heute im Jahr 2022 bewegen wir uns hinsichtlich der Arbeitslosenquote in etwa auf dem Niveau 2019, dem Jahr vor dem Beginn der Corona-Krise. Die Zahl der Erwerbstätigen stieg leicht von 45.096 Tsd. (Juni 2019) auf 45.384 Tsd. (Juni 2022). Auch im Jahr 2019 war bereits der Fachkräftemangel stark zu spüren. Was ist in der Pandemie passiert, dass er sich jetzt noch deutlicher auswirkt?

„Ausgestorben" sind die Arbeitskräfte in den letzten drei Jahren nicht! Aber der Markt hat sich verändert. Zum einen sind durch

---

[1] Gendergerechte Sprache: Alle Menschen – egal welcher Hautfarbe, Geschlecht, sexuelle Orientierung oder Herkunft – sind gleich! Diese Tatsache betrachtet der Autor Robert Simon als unumstößliche Basis der Zusammenarbeit. Aus Gründen der besseren Lesbarkeit wird eine einheitliche Form verwendet, es sind natürlich alle gemeint.

die Pandemie viele ausländische Kräfte zurück in ihre Heimatländer gegangen und blieben auch dort. Unter anderem wurden sie von den Bildern ausländischer Werkvertragsarbeiter abgeschreckt, die bei Tönnies wegen eines Corona-Ausbruchs hinter Bauzäunen einkaserniert wurden. Als diese Bilder weltweit viral gingen, nutzten viele die Gelegenheit und kehrten in ihre Heimat zurück. Dort wurden sie auch gebraucht und werden mittlerweile gut bezahlt – Deutschland hat an Attraktivitätsvorsprung verloren. Es scheint, an geeigneten Kräften zu fehlen.

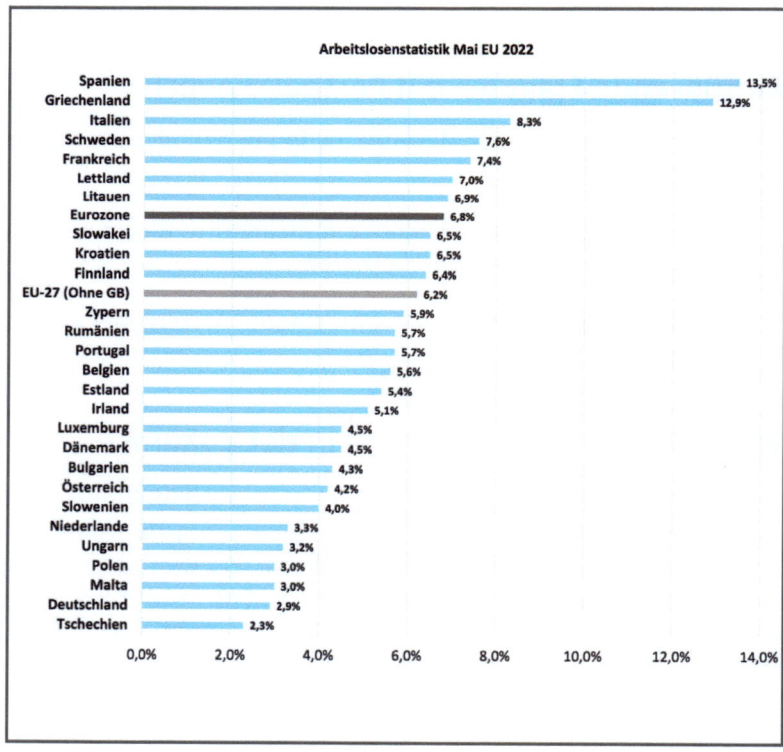

Abbildung 1: Arbeitslosenquote Europa

Aber der Arbeitskräftemangel ist kein ausschließliches deutsches Problem. Die „Zeit-Online" berichtet, dass Spanien die Einwanderungsgesetze wegen Arbeitskräftemangels lock-ert[2]. Spanien sucht Arbeitskräfte, obwohl sie die höchste Arbeitslosenzahl in Europa haben!

Konkret brauchen sie Verstärkung in der Landwirtschaft und im Tourismus. Vielleicht gibt es einen Zusammenhang zwischen den Tomaten im Supermarkt für 1,49 € das Kilo (trotz großer ökologischer Probleme) und dem Flug + Hotel zur Costa del Sol für zwei Personen für 976 €?

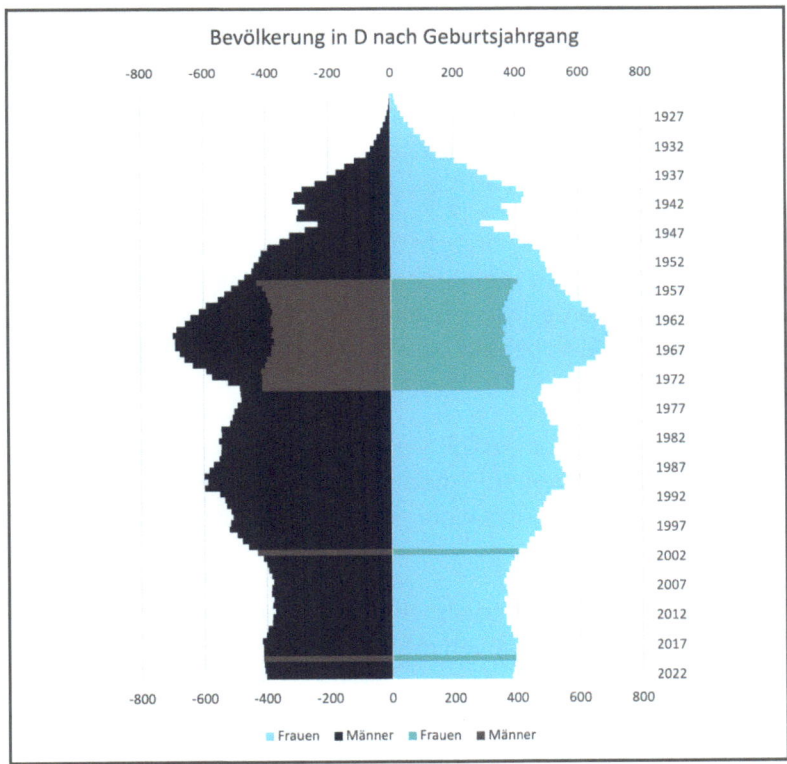

Abbildung 2: Demografische Entwicklung

[2] https://www.zeit.de/politik/2022-07/spanien-arbeitskraeftemangel-einwan-derungsgesetze-migration-tourismus-landwirtschaft

Eine große Veränderung steht uns in Deutschland aufgrund der demografischen Entwicklung bevor, bzw. wir sind schon mitten drin. Ja, die Bevölkerungspyramide ist längst keine Pyramide mehr. Betrachten wir nur die nächsten 19 Jahre, so verlassen jährlich zwischen 200.000 und 645.000 bzw. gesamt rund 8,5 Mio. Arbeitskräfte den Arbeitsmarkt (wenn man nur die 65-Jährigen mit den 18-Jährigen vergleicht, ohne Zu- und Auswanderung oder Erhöhung des Renteneintrittsalters[3]).

Vor vielen Jahren[4] gab es eine Diskussion, ob uns in Deutschland die Arbeit ausgehen würde, Ausgangspunkt war eine Rationalisierungswelle – verbunden mit einer eher stillen, intellektuellen Diskussion über ein bedingungsloses Grundeinkommen. Das Ende der Arbeit ist bis jetzt nicht eingetreten. Offensichtlich gehen uns vorher die Arbeitskräfte aus ...

Deutschland altert und braucht Zuwanderung, um die wirtschaftliche Basis nicht zu gefährden! Dazu wären auch politische Maßnahmen erforderlich, z. B. ein modernes Zuwanderungsgesetz oder dass Asylbewerber auf dem Arbeitsmarkt schneller integriert werden, usw.

So nebenbei: Im Juni 2022 sind rund 90.000 Menschen nach Deutschland gekommen – meist ukrainische Staatsbürger. Diese stehen (wenn überhaupt) wohl nur temporär als Arbeitskräfte zur Verfügung.

Ich bin Jahrgang 1966 und als ich damals nach der 10. Klasse eine Lehre machen wollte, war ich mit meinem Zeugnis chancenlos. Am Ende war diese Entscheidung gar nicht so schlecht, weil ich weiter zu Schule ging. Zwei Jahre später mit der Fachhochschulreife in der Tasche war es nicht besser. Es gab aber noch eine

---

[3] Eigentlich ist die Situation noch extremer, da nach wie vor Vorruhestandsregelungen genutzt werden und viele schon vor Erreichen des Renteneintrittsalters von 65 aus dem Erwerbsleben ausscheiden.

[4] Ausgelöst durch die 3. industrielle Revolution beginnend ab 1969 „Automatisierung und programmierbare Maschinen". Die Arbeitslosenquote stieg in Westdeutschland von 3,8 % (1980) auf 9,3 % (1985).

Last-Minute-Lehrstelle, welche ich genommen habe. Es war keine gute Stelle, aber besser als nichts und es war die Motivation, danach mein Studium zu beginnen.

Heute ist das anders. So waren 2021 rund 63.000 der Lehrstellen, die bei der Agentur für Arbeit gemeldet wurden, unbesetzt zzgl. Dunkelziffer, weil nicht unerheblich viele Betriebe die Zusammenarbeit mit der Agentur für Arbeit nicht nutzen. Die meisten offenen Ausbildungsstellen sind Fleischereifachverkäufer, Metzger, Klempner, Gastronomieberufe (Koch, Systemgastronomie etc.), Bäcker, Betonbauer, Hörgeräteakustik. Sind das attraktive Berufe? Oder ist es eine Imagefrage?

Umso unverständlicher war diese Meldung: „Historischer Einbruch – Corona-Krise trifft Ausbildungsmarkt"[5]. 2020 ist der Ausbildungsmarkt eingebrochen. Einer meiner Klienten betreibt das wohl beste Restaurant in einem touristisch geprägten Ort in Bayern. Er hat in der Pandemie Lehrlinge von Kollegen übernommen und noch weitere eingestellt. Darüber hinaus wurden Programme der Agentur für Arbeit zur Qualifizierung des gesamten Personals im Lockdown genutzt. Die Entscheidung wurde unter der Annahme geschlossen, dass der Spuk der Pandemie nicht allzu lange dauert (und diese Annahme traf glücklicherweise zu). Er hat heute gut qualifiziertes und treues Personal, ist gestärkt aus der Krise gekommen. Wobei anzumerken ist, dass die Pandemie in vielen Branchen eine Art Endzeitstimmung und Perspektivlosigkeit ausgelöst hat. Die staatlichen Hilfen waren kompliziert und nicht wenige fielen durchs Raster oder konnten die obige Strategie nicht für ihr Unternehmen umsetzen.

Veränderung der Arbeitswelt

Wir befinden uns inmitten der 4. industriellen Revolution. Die reale und die virtuelle Welt kommen sich näher und verschmelzen. Das führt zu großen Veränderungen ...

---

[5] https://www.handelsblatt.com/politik/deutschland/fachkraeftemangel-historischer-einbruch-corona-krise-trifft-ausbildungsmarkt-/27503310.html

Wie jede industrielle Revolution verändert auch die aktuelle Situation die Arbeitswelt – wie in der Historie: die Dampfmaschine, der Strom plus die Arbeitsorganisation und die Computer führten zu erheblichen politischen Veränderungen. 1984 habe ich meine Lehre als Großhandelskaufmann begonnen – Briefe wurden damals noch mit der Schreibmaschine geschrieben, Telexstreifen gehörten als Standard zu meiner Ausbildung. Für Bürokräfte, die sich danach dem Computer verweigerten, wurde im Verlauf der Zeit die Luft ziemlich dünn.

Nicht anders wird es Unternehmen und Mitarbeitern ergehen, die die jetzigen Veränderungen ignorieren – diese Veränderungen haben kolossale Auswirkungen auf ihre Arbeit und die Qualifikationsanforderungen.

Auch die Automatisierung ist weiter in vollem Gange. Ein Beispiel aus der Süßwarenindustrie: Heute befüllen auf der einen Seite rund zehn Hilfskräfte eine 20 Meter lange Maschine mit Konfekt, zwei Techniker überwachen die Maschine. Am anderen Ende der Anlage kommen im Sekundentakt perfekt gefüllte und verpackte Pralinenpackungen heraus – früher wurden hier knapp 50 Leute pro Schicht beschäftigt.

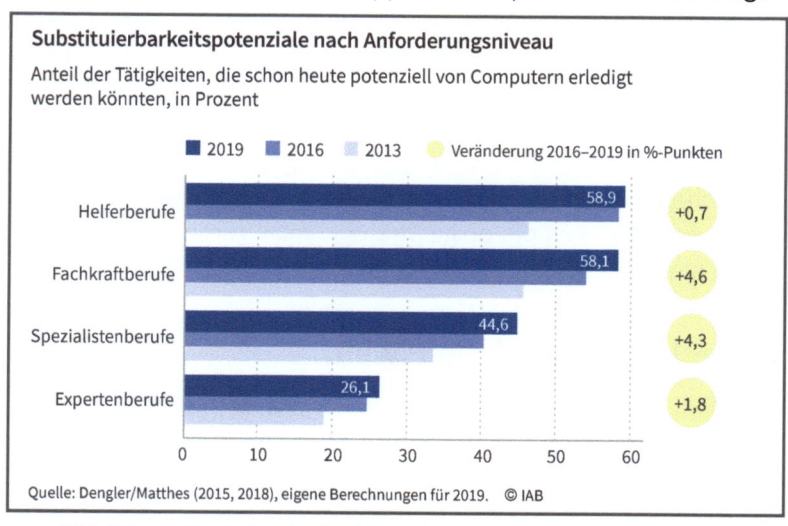

Abbildung 3: Substituierbarkeitspotenziale nach Anforderungsniveau

Ob die Maschine den Menschen ersetzen wird, ist offen; es wird wohl eher auf eine Kollaboration hinauslaufen. Wie hoch das Potenzial ist, zeigt diese Grafik, die von Forschern des IAB, dem Institut für Arbeitsmarkt und Berufsforschung der Bundesagentur für Arbeit, erarbeitet wurde. Auf deren Webseite[6] kann man auch das Potenzial je Beruf prüfen.

Die Zahlen zeigen, dass die Möglichkeiten des Technikeinsatzes – statt Menschen – schon lange besteht bzw. wächst und alle trifft, wie sich der Fortschritt auswirkt und zu neuen Erkenntnissen führt. So passten die Forscher des IAB ihre Prognose des Substituierbarkeitspotenzials (Anteil der Tätigkeiten, welche von der Maschine übernommen werden könnten) bei Expertenberufen im Jahr 2013 von knapp 19 %, sechs Jahre später im Jahr 2019 auf bereits 26 % an.

Häufig stellt sich die Frage, ob Digitalisierung, Automatisierung und Künstliche Intelligenz (KI) die Ursachen für die neue Arbeitswelt sind oder sie einfach diese erst ermöglichen. Tatsächlich können Automatisierung und KI menschliche Arbeit ersetzen oder Teilaufgaben von Jobs übernehmen, sodass sich innerhalb der Jobs die Aufgabenschwerpunkte ändern.

Maschinen erledigen insbesondere repetitive und nicht interaktionsorientierte Aufgaben (z. B. Ablagearbeiten). Auch intellektuell anspruchsvolle Arbeiten, die Kommunikation erfordern, etwa die Erstellung von medizinischen Diagnosen, werden durch KI übernommen oder zumindest durch diese angereichert. Als Beispiel kann die Hautkrebserkennung[7] genannt werden. Verträge oder einfachere Rechtsauskünfte kann heute KI genauso gut bearbeiten wie ein Rechtsanwalt. Wenn Sie mit dem Kundendienst eines Unternehmens sprechen, kann es durchaus sein, dass Sie mit einem Chatbot kommunizieren. Diese Beispiele lassen sich beliebig fortführen. In der Folge ändert sich die Arbeitswelt, und

---

[6] https://job-futuromat.iab.de/

[7] https://www.fraunhofer.de/de/presse/presseinformationen/2022/februar -2022/smartphone-app-und-ki-software-beschleunigen-erkennung-von-haut-krebs.html

die menschliche Arbeit fokussiert sich mehr auf die nicht repetitiven Aufgaben wie Netzwerkbildung, komplexe Interaktionen und kreative Prozesse.

Per E-Mail und Diensthandy ist man jederzeit und überall erreichbar. Die Bedingungen des Arbeitszeitgesetzes (ArbZG), z. B. mit einer Ruhepause von 11 Stunden, stammen noch aus der Zeit harter körperlicher Arbeit und sind wohl nicht mehr zeitgemäß. Ein Mitarbeiter, der um 23 Uhr vom Diensthandy noch eine Mail beantwortet oder eine nächtliche Videokonferenz mit amerikanischen Geschäftspartnern führt, dürfte am nächsten Tag nicht vor 10 Uhr am Arbeitsplatz erscheinen.

Oder Big Data: Der Kommissionierer wird an Pickraten gemessen, wie viele Teile kommissioniert er pro Stunde im Vergleich zu den anderen? DHL weiß exakt, wo sich das Paket gerade befindet und damit auch, wo der Fahrer aktuell fährt oder steht.

Teile der Arbeitsprozesse werden von Maschinen übernommen, neue Arbeiten kommen dazu. Dies führt zwangsläufig zu einem höheren Anspruch an die Mitarbeiter und/oder zu personellen Veränderungen.

Wenn wir nicht wissen, wohin die Reise geht, reagieren wir Menschen unterschiedlich. Negativ könnte dies zu einer lähmenden Verunsicherung oder Rückzug oder auch Flucht führen.

Was kommt nun auf die Mitarbeiter zu?

"Geht uns die Arbeit aus?" war als Frage 1978 im Spiegel anlässlich der Veränderungen durch den Computer zu lesen? Heute wissen wir, dass das nur ein temporärer Effekt war (auch bei den anderen disruptiven Veränderungen in der Vergangenheit). Vielen spricht dafür, dass es auch diesmal so sein wird! Betrachten wir den Menschen:

Die Veränderungen haben Auswirkungen auf die Beschäftigung. Einige Menschen und deren Qualifikation werden nicht mehr benötigt, andere müssen sich weiterbilden und an die neuen Gegebenheiten anpassen. Neue Mitarbeiter mit anderen/ neuen Qualifikationen werden gebraucht. Zeitarbeit kann in dieser Anpassungsphase einen wertvollen Beitrag leisten (Personalgewinnung, Qualifizierung, Outplacement/Neuorientierung etc.).

Somit ist es folgerichtig, dass ich beispielsweise in Zeitarbeitsprojekten über Personalentwicklung und HR-Strategie spreche. Aber auch darüber, dass Kunden zu viel eigenes Personal haben könnten oder eine Übernahme nicht nur davon abhängt, ob der Mitarbeiter sympathisch und motiviert ist. Wird der Mitarbeiter mit diesen Fähigkeiten in fünf Jahren noch gebraucht? Zeitarbeit ist Teil der ganzheitlichen HR-Strategie.

Viele Fragen kommen auf:

- Wie geht das Unternehmen mit diesen Veränderungen um?
- Wofür steht das Unternehmen? Welchen gesellschaftlichen Zweck erfüllt das Unternehmen?
- Fragen zu aktuellen Veränderungen der Arbeitswelt, z. B. Anwesenheit = Produktivität? Leistung im Homeoffice bewerten? Wo liegen die technischen und rechtlichen Herausforderungen der mobilen Arbeit?
- Sehen und verstehen die Mitarbeiter die Veränderung? Was sind die Folgen und Alternativen?
- Investition z. B. in Personalentwicklung mehr als eine Kosten- / Nutzen-Entscheidung? Usw.

Exkurs: Ist Zeitarbeit nachhaltig?

Die Nachhaltigkeitsnorm DIN EN ISO 26000 sieht hierzu in 6.4.3.2 vor:

Eine Organisation sollte: ... die Bedeutung einer sicheren Beschäftigung sowohl für den einzelnen Erwerbstätigen als auch für die Gesellschaft anerkennen. Sie sollte eine aktive Arbeitskräfteplanung durchführen, um die Nutzung von Arbeit auf Gelegenheitsbasis oder die übermäßige Nutzung von Zeitarbeit zu vermeiden; ausgenommen sind die Fälle, in denen die Art der Arbeit wirklich kurzfristig oder saisonal ist; über geplante Änderungen im Betriebsablauf, z. B. sich auf die Beschäftigung auswirkende Schließungen, angemessen und rechtzeitig informieren, und gemeinsam mit den Vertretern der Erwerbstätigen (sofern vorhanden) überlegen, wie daraus entstehende negative Auswirkungen weitestgehend abgeschwächt werden können [107] [108]; ...

Die DIN lehnt eine übermäßige Nutzung von Zeitarbeit ab – diese Aussage teile ich uneingeschränkt! Im Kontext zur gesellschaftlichen Verantwortung des Unternehmens, u. a. gegenüber den Anteilseignern und den Mitarbeitern, leitet sich ab, dass Zeitarbeit bewusst und begründet eingesetzt werden darf. Es gilt, den aktuellen Einsatz von Zeitarbeitern auf Sinnhaftigkeit zu bewerten und eine Bandbreite zu ermitteln, in der sich externe Arbeit bzw. Zeitarbeit bewegen sollte. Die Bandbreite sollte eine kurz-, mittel- und langfristige Sicht beinhalten, da auch die beeinflussenden Aspekte unterschiedliche Wirkhorizonte haben. Das Niveau, auf dem sich der Zeitarbeitseinsatz mittel- bzw. langfristig bewegen sollte, kann intern (z. B. Mitarbeitervertretung) kommuniziert und begründet werden. Damit können ein entsprechendes Bewusstsein und Akzeptanz bei den betreffenden internen Stakeholdern geschaffen werden. Ein sinnvoller Anteil an Zeitarbeit schafft die nötige Flexibilität, um den vorher beschriebenen Veränderungen der Arbeitswelt und Unsicherheiten angemessen zu begegnen. Im Ergebnis trägt Zeitarbeit dazu bei, die Arbeitsplätze und das Unternehmen in ihrem Bestand langfristig zu sichern, und ist somit nachhaltig[8].

---

[8] Vertiefende Ausführungen zur Nachhaltigkeit von Zeitarbeit können beim Autor angefordert werden.

Unternehmenskultur

Die Herausforderungen und Veränderungen für Unternehmen und deren Belegschaft sind vielfältig. Die Fähigkeit, diese erfolgreich zu bewältigen, hängt stark von der inneren Haltung des Systems Unternehmen ab – der Unternehmenskultur.

Unter Unternehmenskultur verstehen wir die Grundgesamtheit der gemeinsamen Werte, Normen und Einstellungen, welche die Entscheidungen, die Handlungen und das Verhalten der Organisationsmitglieder prägen[9].

Unternehmenskultur wird sichtbar für

- Kunden: Umgang vor und nach dem Kauf, bei Reklamationen/Serviceorientierung, der Übernahme gesellschaftlicher Verantwortung oder eher Green-/Blue-/Pink-Washing[10]?

- Lieferanten: Partnerschaftlicher Umgang oder Knechtschaft, Fehler/Feedbackkultur, gemeinsame Weiterentwicklung, faire Preisstellung.

- Mitarbeiter: Gemeinsam zum Ziel, welche Werte werden verkündet und gelebt (Sind diese deckungsgleich auf allen Hierarchieebenen?), Umgang auf Augenhöhe, Stimmung, taktisches Verhalten, Vertrauen, Verlässlichkeit, Fehler- und Feedbackkultur, Familienfreundlichkeit, Partizipation auf unterschiedlichen Ebenen? Etc.

Exkurs „New Work"

Der geistige Vater Fritjof Bergmann (24.12.1930 – 23.05.2021) hat auf die Automobilkrise in seiner Wahlheimat Flint/Detroit (Michigan) 1984 mit der Gründung des „Centers for New Work" reagiert. Schwerpunkt war sinnstiftende Arbeit bzw. Chancen zur Selbstverwirklichung. Damit einhergehen:

---

[9] https://wirtschaftslexikon.gabler.de/definition/unternehmenskultur-49642/version-272870

[10] Umweltthemen (Greenwashing) oder soziale /ethische Themen (Blue) oder in Diversity, Chancengleichheit LGBT Bereich (Pink oder Pride) etc.

- Einbindung der Mitarbeiter in die Gestaltung des Unternehmens und der Abläufe (Dialog statt Anweisung),

- Wertschätzung der Mitarbeiter als Zentrum des unternehmerischen Handelns,

- Anpassung der Unternehmenskultur,

- Innovatives Arbeitsumfeld (z. B. mit Co-Working-Space zum intensiveren Austausch),

- Keine zwingenden, festen Arbeitsorte und-zeiten, Nutzung der Digitalisierung und Möglichkeiten der Kommunikation, Work Life Blended,

- Leistungs- statt Anwesenheitsorientierung,

- Grenzen zwischen Arbeit und Freizeit verschwimmen,

- Hierarchien werden nebensächlich usw.

Fritjof Bergmann hat dies vor knapp 40 Jahren initiiert und zeigt einen interessanten Lösungsansatz. Am Ende ist dies aber ein kultureller Ansatz.

Entwicklung von Unternehmenskultur

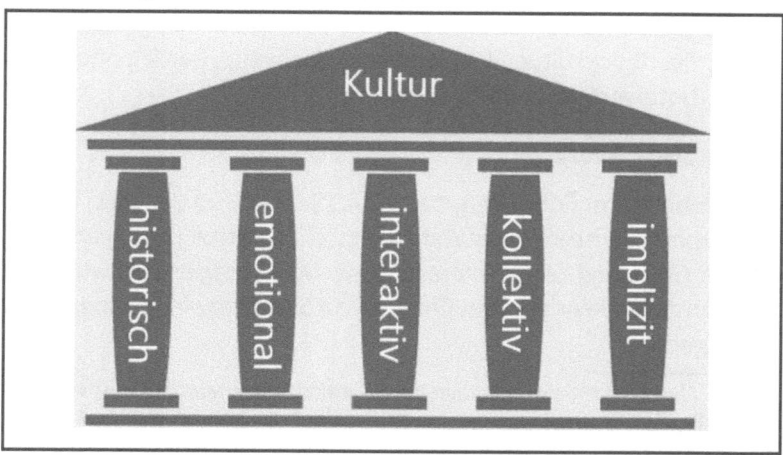

Abbildung 4: Unternehmenskultur

- Historisch: Prozess der Sozialisation erfolgt über die Jahre und resultiert aus Erfahrungswissen. Diese Erkenntnisse beeinflussen das zukünftige Handeln eines Unternehmens.

- Emotional: Aus verbindlichen Werten und Normen resultieren erwartetes Verhalten und Emotionen. Je nach Beachtung oder Abweichung können diese positiv oder negativ sein.

- Interaktiv: Aus der Kommunikation der Mitarbeiter in der Organisation entstehen gegenseitige Anforderungen.

- Kollektiv: Im Grundsatz gilt, dass alle ex- und impliziten Regeln von allen Mitarbeiter akzeptiert werden müssen.

- Implizit: Damit Unternehmenskultur ganzheitlich realisiert wird, müssen alle Annahmen und Gewohnheiten von den Mitarbeitern verinnerlicht werden und werden somit zu Normen im Arbeitsprozess und im Miteinander.

Unternehmenskultur entwickelt sich nicht immer bewusst, sondern schleicht sich ein, häufig leider auch mit destruktiven Verhaltensweisen.

Kultur als Pflanze

Abbildung 5: Kultur als Pflanze

Sie entwickelt sich von selbst, man kann sie nicht „hochziehen". Man kann durch geeignete Auswahl der Samen (Personalbeschaffung), richtige, dosierte Düngung (Personal- und Teamentwicklung) und durch Entfernen von Unkraut und Schädlingen (Feedback, Belohnung, Bestrafung, Entlassung) ein geeignetes Umfeld schaffen, in welchem sich Pflanzen (Menschen) optimal entfalten und Früchte bringen können.

103

"Culture eats strategy for breakfast!" ist ein Zitat, das häufig Peter Drucker zugeordnet wird.

Unabhängig vom Urheber des Zitats, Unternehmenskultur ist erfolgsentscheidend. Kultur beeinflusst das Engagement der Mitarbeiter und deren Identifikation mit dem Unternehmen und damit beeinflusst Kultur das Ausmaß der Innovations- und der Veränderungsbereitschaft einer Organisation. Aber Kultur lässt sich nicht verordnen, sie erhält sich selbstständig (nur solche werden eingestellt, die „passen")! Selbst die tollsten Strategiepapiere scheitern, wenn kulturelle Themen missachtet werden und z. B. die Konsequenzen für die Mitarbeiter nicht reflektiert werden!

ABER:

Kultur verändert man nicht durch Kulturveränderung, sondern über Rahmenbedingungen, Strukturen und Vorbilder! Als Beispiel aus einem anderen Bereich kann das Rauchen in der Gaststätte genannt werden. Die rauchfreie Gaststätte ist heute selbstverständlich und wurde damals nicht durch eine Verhaltenstherapie, sondern durch ein knallhartes Verbot erreicht. Gleiches gilt für Compliance-Regeln. Warum sollten sich Mitarbeiter an Regeln halten, wenn die Geschäftsleitung diese Regeln ignoriert?

Zusammenhang zwischen Unternehmenskultur und Nachhaltigkeit

Warum bleibt der Mitarbeiter im Unternehmen, wenn er woanders deutlich mehr verdienen könnte. Wie fühlt er sich in Bezug auf das Unternehmen und die Vorgesetzten? Hat er die Chance, sich weiterzuentwickeln und damit seinen Job zu sichern? Wie ernst nimmt der Arbeitgeber, die Veränderungen in der Arbeitswelt und wie bindet er die Mitarbeiter ein? Sorgt sich das Unternehmen und nimmt die Gesundheit der Mitarbeiter ernst? Wussten Sie, dass schon 2004 die Kosten psychischer Erkrankungen in Europa auf 240 Mrd. €/p. a. veranschlagt wurden?[11]

---

[11] https://de.wikipedia.org/wiki/Psychische_Störung

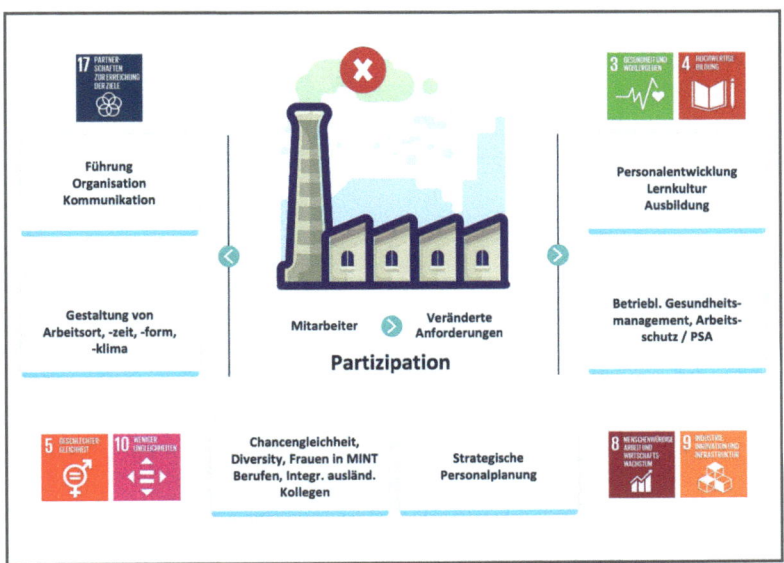

Abbildung 6: Zusammenhang Unternehmenskultur & Nachhaltigkeit[12]

Oder werden die Bedürfnisse aus Mitarbeitersicht berücksichtigt – Stichwort: Homeoffice, gleitende Arbeitszeit? Dennoch gilt: Für den Erfolg ist das essenzielle Zusammengehörigkeitsgefühl im Team maßgeblich – unabhängig von Raum und Zeit.

Zukünftig wird die Kollaboration mit Robotern immer bedeutender. Ein Mensch-Maschine-Management funktioniert nur gemeinsam. Der Mensch muss aber seine neue Rolle finden und dies muss bewusst in die Wege geleitet werden.

Und ganz wichtig: Wie kann sich der Mitarbeiter einbringen, fühlt er sich als ein wichtiger Bestandteil des Unternehmens?

Der Zusammenhang zwischen einer guten Unternehmenskultur und Wahrnehmung gesellschaftlicher Verantwortung ist sehr groß.

---

[12] https://www.un.org/sustainabledevelopment/
"The content of this publication has not been approved by the United Nations and does not reflect the views of the United Nations or its officials or Member States".

Unternehmen mit einer guten Unternehmenskultur sind auch sehr nachhaltig unterwegs.

Nachfolgend ein kleiner Werbeblock: Aktivierung und Teilhabe kann man durch gezielte Prozesse in Gang setzen.

Ausgewählte Nachhaltigkeitskriterien mit Bezug auf Mitarbeiter

Schauen wir uns ausgewählte Nachhaltigkeitskriterien an:

- Qualifizierung: Deutscher Nachhaltigkeitskodex (DNK) Kriterium 16,

- Chancengleichheit: DNK-Kriterium 15,

- Gesundheit: u. a. DNK-Kriterium 14 Arbeitnehmerrechte und 15 Chancengleichheit,

- Führung wird in nahezu allen DNK-Kriterien zum Ausdruck gebracht.

Qualifizierung

Der CFO fragt seinen CEO: „Was passiert, wenn wir viel Geld in die Entwicklung des Personals stecken und diese danach das Unternehmen verlassen?" Der CEO fragt zurück: „Was passiert, wenn wir das nicht machen und sie bleiben?"

Weiterbildung und Personalentwicklung kosten Geld, keine Maßnahmen sind auf Sicht teurer und gefährden die Existenz des Unternehmens! Personalentwicklung ist kein Selbstzweck, sondern umfasst alle Maßnahmen zur Förderung und Weiterbildung der Mitarbeiter, Führungs- und Führungsnachwuchskräfte, mit dem Ziel, die Beschäftigungsfähigkeit und damit den langfristigen Unternehmenserfolg zu sichern, aber auch zur Motivation der Mitarbeiter beizutragen.

Die Halbwertszeit des Wissens ist mittlerweile erschreckend kurz, aber dennoch gilt: Wir brauchen eine gute Grundlage in Form von Allgemeinwissen (Schulbildung) und beruflichem Grundwissen, welches wir in der Ausbildung oder im Studium erwerben. Aber das ist nur die Grundlage!

Und wie lernen wir heute im beruflichen Leben? Das formale Lernen, wie es viele in der Schule in Form von Frontalunterricht oder heute in Form von Präsenzveranstaltungen oder E-Learnings erlebt haben, nimmt ab und wird geringer. Wir lernen heute mehr durch gemeinsames Lernen. Stichwort: „Work out Loud". Dahinter steckt, dass die Kompetenzen im Unternehmen genutzt werden oder das auf Erfahrung basierende Wissen Grundlage von Lerninhalten ist. Bei Letzterem müssen wir uns immer wieder umstellen, da neue Erkenntnisse auch hier zu Veränderungen führen.

Eine gute Einarbeitung eingebettet in ein strukturiertes Onboarding macht den größten Lernerfolg aus. Wie kann oder muss eine solide Personalentwicklung aufgebaut sein?

Zunächst einmal gilt es, sich über die Veränderungen – so weit absehbar – bewusst zu werden. Einflussfaktoren sind hier die Unternehmensstrategie, technischer Fortschritt und andere Veränderungspotenziale. Darauf aufbauend muss die Lücke identifiziert werden. Dann bewegen wir uns auf Mitarbeiterebene über Mitarbeitergespräche und mittels Potenzialanalysen erfolgen weitere Schritte. Was ist an Wissen und Kompetenzen schon vorhanden? Je nach Umfang des Entwicklungsbedarfs müssen zentrale Aktivitäten erfolgen und diese gesteuert werden. Bildungscontrolling als wichtiges Stichwort, nachfolgend ein Schaubild, um die Schritte des Controllings zu strukturieren:

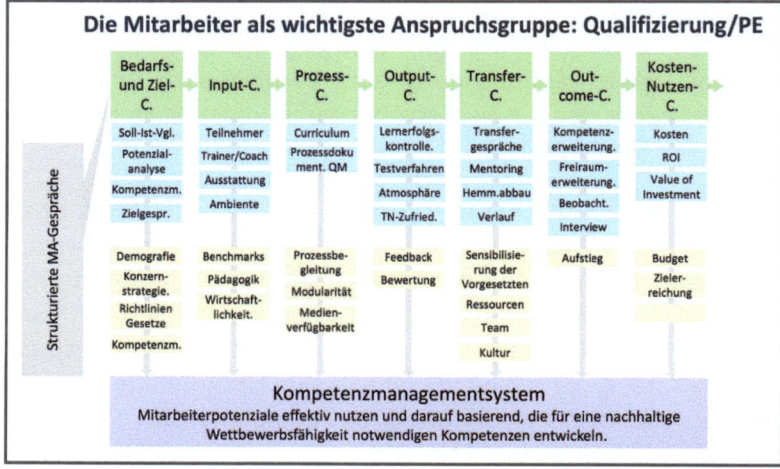

Die Mitarbeiter als wichtigste Anspruchsgruppe: Qualifizierung/PE

	Bedarfs- und Ziel-C.	Input-C.	Prozess-C.	Output-C.	Transfer-C.	Out-come-C.	Kosten-Nutzen-C.
Strukturierte MA-Gespräche	Soll-Ist-Vgl. Potenzial-analyse Kompetenzm. Zielgespr.	Teilnehmer Trainer/Coach Ausstattung Ambiente	Curriculum Prozessdoku ment. QM	Lernerfolgs-kontrolle. Testverfahren Atmosphäre TN-Zufried.	Transfer-gespräche Mentoring Hemm.abbau Verlauf	Kompetenz-erweiterung. Freiraum-erweiterung. Beobacht. Interview	Kosten ROI Value of Investment
	Demografie Konzern-strategie. Richtlinien Gesetze Kompetenzm.	Benchmarks Pädagogik Wirtschaft-lichkeit.	Prozessbe-gleitung Modularität Medien-verfügbarkeit	Feedback Bewertung	Sensibilisie-rung der Vorgesetzten Ressourcen Team Kultur	Aufstieg	Budget Zieler-reichung

Kompetenzmanagementsystem
Mitarbeiterpotenziale effektiv nutzen und darauf basierend, die für eine nachhaltige Wettbewerbsfähigkeit notwendigen Kompetenzen entwickeln.

Abbildung 7: Anspruchsgruppen Qualifizierung

Aus der Praxis heraus sind die größten Herausforderungen, die Führungskräfte von der Notwendigkeit der Mitarbeitergespräche zu überzeugen (im Schaubild Bedarfs- und Zielcontrolling). Dafür ist es erforderlich, dass die Geschäftsleitung die Personalentwicklung vorbehaltlos unterstützt und nicht nur als „Gedöns" betrachtet. Die Führungskräfte müssen auch daran gemessen werden, wie gut und erfolgreich sie die Mitarbeitergespräche führen und umsetzen, dafür kann HR begleitend unterstützen (ABER: Die Verantwortung bleibt bei der Führungskraft, HR ist nur Coach und Unterstützer). Checklisten und Fragebögen als Richtschnur sind hilfreich. Die HR-Abteilung muss als Nächstes die Maßnahmen umsetzen (im Schaubild Input- bis Output Controlling). Die beste Weiterbildung ist umsonst, wenn das Erlernte nicht angewendet werden kann. Hier kommen wieder die Führungskräfte ins Spiel. Am Ende müssen die Maßnahmen evaluiert werden und es ist zu prüfen, ob Anpassungen vorgenommen werden müssen.

Idealerweise wird der Prozess mit einer geeigneten Software unterstützt und die Einführung sollte fachkundig begleitet werden.

Chancengleichheit / Vielfalt

Diversity wird häufig mit Themen wie sexuelle Orientierung oder das dritte Geschlecht oder dem sprachlichen Gendern in Verbindung gebracht. Dies ist aber nur ein kleiner Teil des Themas. Diversity ist auch die Anerkennung, Respektierung, Gleichbehandlung von Menschen und Lebensformen vor dem Hintergrund individueller oder gruppenbezogener Merkmale (Zugehörigkeit). Häufig taucht in der Diskussion noch der Begriff Inklusion auf, darunter verstehen wir die Einbeziehung der Menschen in die Gesellschaft.

Diversity ist dann kein Thema mehr, wenn alle Menschen verstanden haben, dass alle Menschen gleich sind, unabhängig von Herkunft, Hautfarbe, Alter, sexueller Orientierung, Geschlecht, Religion, Größe, etwaiger Behinderung etc.

Dahinter steckt auch noch eine ganz pragmatische Frage: Kann sich eine Gesellschaft oder können sich Unternehmen auf lange Sicht leisten, bestimmte Bevölkerungsgruppen auszugrenzen?

In der Studie „Women in Business and Management: The business case for change" der internationalen Arbeitsorganisation ILO, bestätigen 57 Prozent der mehr als 12.000 befragten Unternehmen aus 70 Ländern, dass Gender Diversity die Business-Performance verbessert[13].

Etwa zwei Drittel der Unternehmen, mit aktiven Monitoringsystemen für Geschlechtervielfalt in Führungspositionen, konnten ihre Gewinne um fünf bis 20 Prozent steigern. Die Mehrheit der Unternehmen konnte ein Wachstum von 10 bis 15 Prozent erreichen. Frauen in Führungspositionen verbesserten auch weitere Kennzahlen wie etwa Akquise, Unternehmensbindung von Fachkräften sowie Performancesteigerungen in den Bereichen Kreativität, Innovation, unternehmerischer Offenheit und der Außenwirkung des Unternehmens.[14]

---

[13] https://www.ilo.org/berlin/presse informationen/WCMS_703609/lang--de/index.htm

[14] Queb | Bundesverband für Employer Branding, Personalmarketing und Recruiting e. V.

Unternehmen, die Diversität und Inklusion fördern, weisen folgende Vorteile auf:

- Zugriff auf einen größeren Rekrutierungspool

- Unternehmen mit hoher Diversität sind in den meisten Fällen profitabler

- Steigerung des Zugehörigkeitsgefühls und des Wohlbefindens der Mitarbeiter (weltoffenere Sicht) sowie als Folgeerscheinungen

  - Reduktion von Krankentagen / Fehlzeiten

  - Steigerung der Mitarbeiterzufriedenheit

  - Stärkere Mitarbeiterbindung / geringere Fluktuation

  - Kreativere Teams und Bereitschaft zur Weiterentwicklung

  - Mehr Motivation

- Verbesserte Kundenorientierung, damit höhere Kundenzufriedenheit

- Höhere Attraktivität als Arbeitgeber

In Diversity drückt sich auch die Zugehörigkeit zum Unternehmen aus. Diese gibt Sicherheit, verringert Di-Stress (negativen Stress) bei den Mitarbeitern und erhöht deren Zufriedenheit; die Vorteile daraus sind oben aufgeführt.

Gesundheit

Der Bau der Golden Gate Bridge in San Francisco war in vielerlei Hinsicht ein Superlativ seiner Zeit. Mit einer deutlichen Bauzeit- und Baukostenunterschreitung wurde das damalige Megaprojekt von 1933 bis 1937 vom Bauingenieur Joseph Strauss umgesetzt. Strauss hat aber einen anderen, viel wichtigeren Rekord aufgestellt.

Üblicherweise starben auf vergleichbaren Baustellen zur damaligen Zeit 40 bis 50 Arbeiter. Dieses Bauwerk bezahlten „nur" 11 Arbeiter mit dem Leben. 10 davon beim Absturz einer Arbeitsbühne, die zu schwer für die Absturzsicherung war.

Was können wir von Joseph Strauss lernen?

Auf Sicherheit (z. B. Helmpflicht!) und Motivation der Arbeitnehmer kam es an, daran darf nicht gespart werden. Er sah die Mitarbeiter nicht als Produktionsfaktoren, er nahm die Bedürfnisse ernst.

Die Arbeitsleistung dort war ziemlich gut und es ist den Mitarbeitern zu verdanken, dass das Bauwerk schneller und günstiger fertiggestellt werden konnte als geplant.

Maßnahmen zum Gesundheitsschutz entfalten mehrere Wirkungen: Zum einen sind sie kostenreduzierend, da Fehlzeiten ein hoher Kostenfaktor sind, und zum anderen zeigen die Unternehmen, dass ihnen die Gesundheit ihrer Mitarbeiter wichtig ist, deshalb sollten Arbeitszeitgesetz, Urlaub/Erholung, aber auch Arbeitssicherheit sehr ernst genommen werden.

Krankheiten und Fehlzeiten kosten dem Arbeitgeber und der Gesellschaft viel Geld. Viele Fehlzeiten stehen im Zusammenhang mit der Belastung am Arbeitsplatz. Gerade der Anstieg psychischer Erkrankungen zeigt: Die Arbeit wird geistig fordernder, ständige Erreichbarkeit verhindert ein Abschalten (siehe oben Veränderung der Arbeitswelt). Corona und die Auswirkungen der Pandemie sind ein weiterer Stressfaktor. Die häufigsten Gründe sind Muskel- und Skeletterkrankungen, gefolgt von psychischen Erkrankungen und Erkrankungen am Atmungssystem. Krebserkrankungen, Herz-Kreislauf und Infektionskrankheiten weisen deutlich geringere Fehlzeiten auf. Nachfolgend die Entwicklung der durchschnittlichen Krankheitstage.[15]

---

[15] https://www.iwd.de/artikel/krankenstand-in-deutschland-498654/

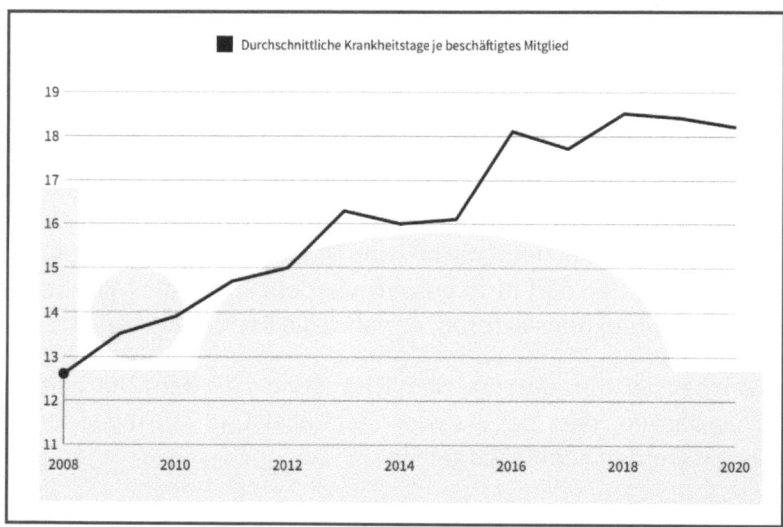

Abbildung 8: Durchschnittliche Krankheitstage

Schichtarbeit

Die Arbeit hat einen maßgeblichen Einfluss auf das Krankheitsgeschehen. So sind beispielsweise bei Schichtarbeit folgende Krankheitsbilder signifikant häufiger anzutreffen als bei Tätigkeiten mit „normalen" Arbeitszeiten: Skeletterkrankungen, Schlafstörungen, Erschöpfungszustände und Niedergeschlagenheit.

Mehrarbeit

Zunehmende Arbeitsbelastung und -verdichtung führen in aller Regel zu einem Anstieg von Fehlzeiten (und im weiteren Schritt zu Fluktuation). Der Effekt kann sich noch durch wenig optimale Kommunikation und Führung und anderer Einflussfaktoren verstärken. Der Fehlzeitenanstieg führt dann für die anderen Mitarbeiter zu einer noch weiter ansteigenden Belastung und schlägt irgendwann auch auf deren Zufriedenheit durch.

Ein Blick auf die Fehlzeiten ist auch aus Nachhaltigkeitssicht von großer Bedeutung (Stichwort: Gesundheitsmanagement und

112

Verantwortung für das Wohlergehen der Mitarbeiter). Steigende Fehlzeiten sind auch ein Indiz, dass sich die Arbeitskräfte kaum mehr regenerieren können.

Aus einem Beratungsprojekt: Die Fehlzeitenbelastung steigerte sich im Verlauf während der Erhöhung des Auftragsdrucks (dies war zu erkennen an der Mehrarbeit und zeitlich später versetzt an den Fehlzeiten). Erst nachdem personelle Verstärkung in Form von Zeitarbeit eingesetzt wurde (automatischer Rückgang der Mehrarbeit), entspannte sich die Fehlzeitenproblematik auch wieder mit einem leichten zeitlichen Versatz. Siehe Abbildung:

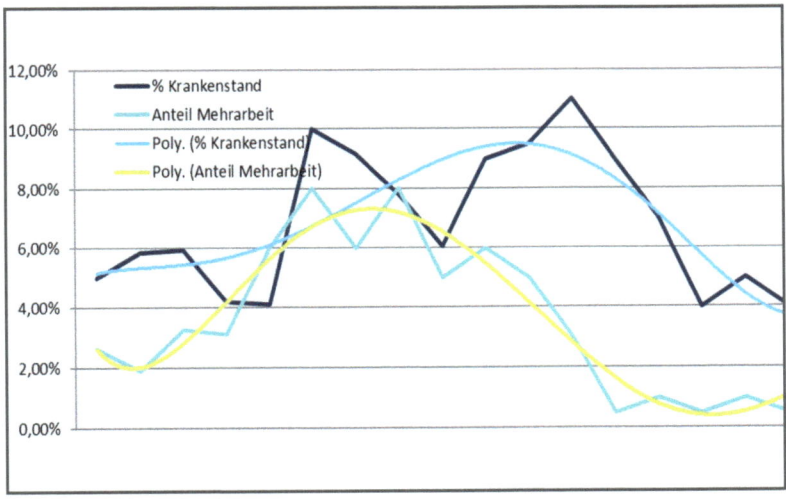

Abbildung 9: Krankheit in Zusammenhang mit Mehrarbeit

Zu beachten ist, dass maximal ⌀ 3 h Mehrarbeit pro Woche je Mitarbeiter erreicht wurden. Noch eine stärkere Rolle spielte die Arbeitsverdichtung. Die Produktivität lag um knapp 10 % höher als im Normalbetrieb. Durch die personelle Aufstockung ging auch die Arbeitsverdichtung zurück und bewegte sich danach um 5 % über dem üblichen Niveau. Häufig fehlt aber die Datenbasis, um die Gründe und die Auswirkungen zu analysieren.

Führung

Die Führung und die Führungskräfte sind die Schlüssel zu zufrie-
denen, glücklichen und leistungsbereiten Mitarbeitern, die auch
ihre Leistung bringen. Führung ist wichtig, da Führung Komplexität
nimmt, Sicherheit und Vertrauen sowie den Mitarbeitern den
Freiraum gibt, sich ihren Aufgaben zu widmen.

Die unterschiedlichsten Führungsstile kennen Sie und hängen in der
Umsetzung von den individuellen Persönlichkeiten (Führung und
Geführte) sowie den Aufgaben ab. Die Zahl der Führungsebenen
ist spannender, genauso wie die Frage: Wie viele Mitarbeiter sind
einer Führungskraft zugeordnet. Die Frage ist deshalb interessant,
da die Anzahl der Mitarbeiter, welche eine Führungskraft gut und
sinnvoll betreuen kann, geprüft werden muss. Oder haben die
Mitarbeiter noch ausreichend Kontakt zu ihrer Führungskraft?

Führung ist wie Schach spielen: Eine gute Führungskraft kennt die
Stärken und Schwächen seiner Mitarbeiter und weiß, wie diese am
erfolgreichsten eingesetzt werden. Das alleine genügt nicht, die
Führungskraft muss die Mitarbeiter auch befähigen und unterstützen, damit sie ihre Aufgaben gut erfüllen können.

Gute Jobs + guter Arbeitgeber = gute Bewerber

Kommen wir zur Eingangsfrage zurück. Stimmt die Formel, dass
gute Jobs und gute Arbeitgeber automatisch gute Kandidaten anzie-
hen? Wenn Ja, was ist ein guter Job und ein guter Arbeitgeber?
Nachfolgend werden ein paar wichtige Aspekte beschrieben,
jedoch erhebt die Aufzählung keinen Anspruch auf Vollständigkeit.

Merkmale eines guten Jobs

Bezahlung

Mit guter Bezahlung bekommt man jeden Mitarbeiter – siehe
Sport. Gerade im Profifußball könnte dieser Eindruck entstehen,
dass viel Geld viele Tore schießt. Dass dies aber nicht

allgemeingültig ist, zeigen viele prominente Beispiele. Der im Juli 2022 verstorbene Uwe Seeler hat im Jahr 1961 ein Millionenangebot aus Italien abgelehnt. Die Fußball-Nationalspieler Nils Petersen aus Freiburg und Jonas Hector vom 1. FC Köln gingen trotz guter Angebote mit ihren Vereinen in die zweite Liga und verzichteten auf Geld.

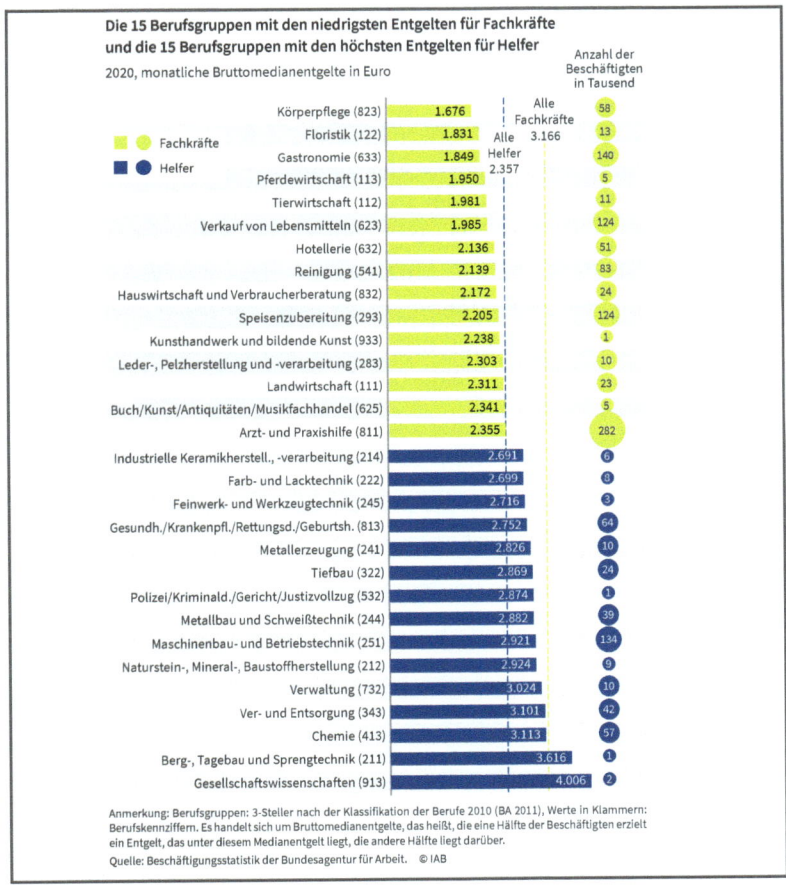

Abbildung 10: Entgelte für Facharbeiter

Aber ein gutes Salär hilft natürlich – gerade im Niedriglohnbereich. Nur sind Unternehmen von Sach- sowie Ökonomiezwängen gebunden und können die Entlohnung nicht beliebig steigern. Das Institut für Arbeitsmarkt- und Berufsforschung (IAB) hat eine interessante Studie[16] hierzu veröffentlicht.

In dieser Studie finden sich viele Berufe, die wir vorher schon beim Fachkräftemangel gefunden haben, z. B. Gastronomie. Warum arbeiten noch 58.000 Menschen im Bereich der Körperpflege (z. B. Friseure, Kosmetik etc.)?

Wenn Bezahlung der einzige Motivator wäre, müssten die hier grün dargestellten Berufe allesamt aussterben. Dem ist aber nicht so! Eine Umfrage[17] der New Work SE (Xing) zur Wechselbereitschaft glauben rund 75 % der HR-Abteilungen, dass der Wunsch nach mehr Gehalt ausschlaggebend sei (ein zentrales Thema im Bewerbungsgespräch). Aber nur für 19 % der Jobsuchenden war dies tatsächlich ein ausschlaggebendes Wechselmotiv!

Arbeitszeiten

Das Privatleben bekommt spätestens seit der Corona-Pandemie zunehmend mehr Gewicht. Ein Workaholic wird mittlerweile in der Gesellschaft kritisch gesehen.

Schichtarbeit ist besonders kritisch (siehe oben zum Thema Gesundheit).

Bitte schauen Sie sich den Schichtplan an – ein Schichtplan eines großen Automobilzulieferers. Jede Farbe ist ein Mitarbeiter. Früh-spät-nachts in einer Woche. Möchten Sie so arbeiten?

---

[16] IAB Kurzbericht 14/22

[17] https://recruiting.xing.com/de/wissen-veranstaltungen/wissen/ hr-news-trends/studie-von-xing-e-recruiting-2022

Wochentag	Datum	Schichteinteilung			
		Früh	Spät	Nacht	Frei
Mo	1	F	S	N	F
Di	2	F	S	N	F
Mi	3	F	S	N	F
Do	4	F	S	N	F
Fr	5	F	S	N	F
Sa	6	F	S	N	F
So	7	F	S	N	F
Mo	8	F	S	N	F
Di	9	F	S	N	F
Mi	10	F	S	N	F
Do	11	F	S	N	F
Fr	12	F	S	N	F
Sa	13	F	S	N	F
So	14	F	S	N	F
Mo	15	F	S	N	F
Di	16	F	S	N	F
Mi	17	F	S	N	F
Do	18	F	S	N	F
Fr	19	F	S	N	F
Sa	20	F	S	N	F
So	21	F	S	N	F
Mo	22	F	S	N	F
Di	23	F	S	N	F
Mi	24	F	S	N	F
Do	25	F	S	N	F
Fr	26	F	S	N	F
Sa	27	F	S	N	F
So	28	F	S	N	F

Abbildung 11: Beispiel Schichteinteilung

Aus arbeitsmedizinischer Sicht ist der o. g. Rhythmus die Variante mit den geringsten Nebenwirkungen, weil – und jetzt wird es interessant – die negativen Auswirkungen auf das Privatleben am geringsten sind – besser als Dauernachtschicht oder der Schichtwechsel je Woche. Wichtig ist aber die Reihenfolge früh- spät- nachts.

Ich habe einen Onlinehändler als Kunden. Die Menschen im Lager arbeiten im Schwerpunkt täglich von 14 - 22 Uhr. Privatleben ist damit nicht möglich. Die Verteilung der Arbeitszeit auf 4 Tage mit einem rollierenden freien Tag war die Motivationsrakete! Pickrate stieg, Fehlerquote, Fehlzeiten und Fluktuation wurden signifikant reduziert.

Was macht der Bäcker, der üblicherweise nachts arbeitet? Hier der Erfahrungsbericht aus einem Kundenprojekt:

Meinem Kunden kam die Corona-Pandemie zur Hilfe: Die Mannschaft sollte in der Backstube in zwei getrennten Teams arbeiten. Ein Team nachts und das zweite Team ab 6 Uhr, wenn Team eins nach Hause geht. So kann im Infektionsfall noch die andere Hälfte der Mannschaft arbeiten. Organisatorisch war dieser Ablauf unkritisch, aber fachlich eine Herausforderung. Wie bekommt man die fertig gebackenen Produkte in der früh um 6 Uhr in alle Verkaufsstellen geliefert und was macht das zweite Team tagsüber? Am Ende war dies auch eine Frage der Qualität der Backwaren.

Es wurde viel experimentiert und gemeinsam mit den Mitarbeitern wurden gute Lösungen gefunden. Heute arbeiten dort nur noch 15 % der Bäcker nachts, die anderen beginnen um 6 Uhr. Vakanzen sind schnell besetzt, und das Wichtigste: Die Fluktuation ist sehr gering. Ach ja, ein Wechsel zur Konkurrenz würde wohl mehr Lohn bringen – die Arbeitszeiten sprechen aber gegen einen Wechsel.

Und weil wir schon bei diesem Bäcker sind: Wenn dort ein Backstubenmitarbeiter eine neue Produktidee hat, bekommt er den Freiraum, diese umzusetzen. Ob das Produkt im Sortiment getestet wird, entscheidet das Team nach einer Verkostung.

Im administrativen Bereich ist flexible Arbeitszeit und Ortswahl das Thema Nr. 1. Die Pandemie hat gezeigt, dass das gut möglich ist. Leider aber nicht bei allen Unternehmen und nicht allen Mitarbeitern. Aber damit sind wir wieder bei der Führung: Führen auf Distanz ist anders. Schon lange gilt die Formel „Anwesenheit ist Produktivität" nicht mehr. Aber nicht jeder Mitarbeiter ist bei mobilem Arbeiten ein Naturtalent und bedarf der gezielten Unterstützung und Training. Übrigens, bei jedem zweiten Bewerber im kaufmännischen Bereich ist mobiles Arbeiten ein wesentliches Entscheidungskriterium!

Die Tätigkeit an sich und der Arbeitgeber

Es gibt Menschen, die leben ihren Beruf – ihre Berufung. Denken Sie an den Arzt, der seinen Urlaub bei „Ärzte ohne Grenzen" verbringt. Diese Menschen gibt es in jedem Beruf, egal ob im Lebensmittelhandel, bei der Polizei oder in anderen Berufsfeldern. Das muss aber zu den eigenen Vorstellungen und der Persönlichkeit passen.

Auch der Arbeitgeber ist hier wichtig. Welchen Ruf hat er, welchen gesellschaftlichen Beitrag leistet er, und wie sinnstiftend ist meine Arbeit, mein Beruf?

Hierzu eine Anekdote aus einem Projekt: Der Kunde stellt Ferritkerne her. Leider kannten die Mitarbeiter meist nur die Typenbezeichnungen und nicht mehr den Bezug zu den Endprodukten. Zumindest konnte mir kaum ein Mitarbeiter in der Produktion die konkrete Verwendung benennen. Eine Kurzschulung und Plakate zum Einsatz der Teile führte zu erheblichen Veränderungen: Exemplarisch möchte ich das an einem „Plättchen" erläutern; ein Ferritplättchen 2 mm dünn und so groß wie eine Handy-SIM-Karte. Wenn früher welche auf den Boden gefallen sind, wurden die zusammengekehrt und in die Kiste geschmissen. Diese Plättchen werden aber in Airbags verbaut und sind somit überlebenswichtig. Heute gehen die Mitarbeiter mit diesen Teilchen viel bewusster um und berichten mit Stolz, dass sie mit ihrer Arbeit für Sicherheit und Gesundheit sorgen sowie, dass sie Teil der Energiewende sind und mit ihrer Arbeit und ihren Produkten den Weg in die Zukunft bereiten.

Stichwort Silverworker: Viele fallen mit Renteneintritt in ein Loch. Kennen Sie Loriot „Pappa ante Portas"? Wie schön wäre es, noch gebraucht zu werden, und ein bis zwei Tage die Woche beim alten Arbeitgeber zu arbeiten? Übrigens eine gute Möglichkeit, Flexibilität in der Arbeitsorganisation zu etablieren und Know-how zu behalten sowie an jüngere Mitarbeiter weiterzugeben.

Purpose

Daimler Financial Services: „We move you". Zalando „We reimagine fashion for the good of all". Unter Purpose verstehen wir keinen Marketing-Claim und schon gar nicht den Anspruch, die Welt retten zu wollen.

Seit Längerem ist eine zunehmende Entfremdung der Arbeitskräfte von ihrer Arbeit zu registrieren. Es entsteht eine Sinnlücke. Hier geht es darum, die intrinsische Motivation wieder oder neu zu wecken, stattdessen laufen wir Gefahr, diese mit materiellen und monetären Anreizen zu verschütten. Es müssen Rahmenbedingungen geschaffen werden, damit sinnstiftend gearbeitet werden kann. Ein Paradebeispiel ist das Krankenhaus oder die Senioreneinrichtung. Statt in der Pflege mit den Menschen zu arbeiten, verbringen die Pflegefachkräfte einen erheblichen Teil der Arbeitszeit mit Dokumentationen.

Ein interessantes Beispiel ist Sisyphos. Albert Camus: „Wir müssen uns Sisyphos als einen glücklichen Menschen vorstellen." Sisyphos erzielt durch seine Kompetenz ein Ergebnis. Nichts ist sinnvoller.

Die zwei Gesichter der Arbeit (Kurt Lewin)

Kurt Lewin gilt als geistiger Vater der Organisationsentwicklung und hat die zwei Gesichter vor gut 100 Jahren (1920) in seiner Schrift „Die Sozialisierung des Taylorsystems" beschrieben.[18]

---

[18] Frederic Winslow Taylor 1856-1915 begründete das Prinzip der Prozesssteuerung von Arbeitsabläufen und propagierte die Trennung von geistig anspruchsvoller Tätigkeit von einfachen manuellen Tätigkeiten. Dieses Prinzip war bis Mitte des letzten Jahrhunderts sehr erfolgreich.

Das eine Gesicht stellt die Mühe und Anstrengung (Arbeit als Gegensatz zur Freizeit) dar und das andere die Sinnstiftung als wichtiger Beitrag zur menschlichen Entwicklung, Selbstentfaltung, Kompetenzentwicklung, positiven Befindenszuständen, usw.

Arbeit kann positiv wie negativ wirken und das ist auch abhängig vom Menschentyp. Nehmen Sie als Beispiel die Kassenkraft im Supermarkt. Wie geht sie mit langen Schlangen und nörgelnden Kunden um. Wird sie pampig, nervös oder hat sie einen lockeren Spruch für ihre Kunden auf Lager, unterhält die ganze Schlange und arbeitet strukturiert und fehlerfrei alles ab?

Umfeld

Wie harmoniert das gesamte Umfeld. Schön zu sehen ist das im Sport: Steht eine Fußballmannschaft auf dem Platz oder 11 Einzelspieler? Gibt es gemeinsame, ungezwungene Freizeitaktivitäten (nicht wie auf dem Google-Gelände in Mountain View)?

Welche Kultur herrscht, das hatten wir vorher schon besprochen.

Als Berater lege ich großen Wert auf eine Betriebsbesichtigung. Da schaue ich mir nicht nur die Arbeitsplätze, sondern vor allem die Leute an, das äußere Erscheinungsbild, welche Körpersprache wird ausgestrahlt, wie ist die Stimmung, gibt es ein Miteinander, wie wird auf Fehler reagiert, wie ist die Motivation?

Ich bin ein großer Fan eines erweiterten Vorstellungsgespräches („Einfühlungsverhältnis"), bei welchem die Bewerber die Möglichkeit haben, ein paar Stunden in der Abteilung zu verbringen, den einen oder anderen Handgriff selbst auszuführen und die Kollegen kennenzulernen. Am Ende sollen auch die Kollegen nach ihrem Eindruck befragt und in die Entscheidungsfindung miteinbezogen werden. Eine bessere Basis für eine Einstellungsentscheidung gibt es kaum.

Guter Arbeitgeber

Merkmale eines guten Arbeitgebers gibt es viele. Exemplarisch sind zu nennen:

- Sieht die Bedürfnisse der Arbeitnehmer

- Ist klar in seiner Haltung und Kommunikation (Gedanken, Aussagen, Handlungen sind kongruent)

- Hat wirtschaftlich eine Perspektive und eine gute gesellschaftliche Stellung

- Hat empathische Führungskräfte

- Partizipative Führung (Führungskultur)

- Setzt Mitarbeiter entsprechend ihrer Neigungen sowie Fähigkeiten ein und entwickelt diese weiter

Es gibt aber auch Einflussfaktoren, die auf den Mitarbeiter wirken, die aufgrund von Unternehmensentscheidungen entstehen, welche für die Mitarbeiter nicht beeinflussbar sind. Fragen Sie mal Mitarbeiter von VW nach ihrem Befinden, als der Dieselskandal durch die Medien ging.

Zurück zur Eingangsfrage: Ja, die Formel stimmt: Gute Jobs + guter Arbeitgeber = gute Bewerber!

Wie oben ausgeführt, handelt es sich um eine komplexe Fragestellung mit vielen Facetten. Die Kandidaten finden eine gute Auswahl an attraktiven Jobs vor und entscheiden nach ihren Vorstellungen. Anders formuliert: Gute, attraktive Jobs bei attraktiven Arbeitgebern ziehen gute Kandidaten an – nur leider wissen viele Bewerber gar nicht, welche tollen Jobs so mancher Mittelständler zu bieten hat.

Zusammenfassung

Die Ausgangssituation vieler Arbeitgeber ist schwierig und jede Situation ist anders. Von der Pandemie sind einzelne Branchen schwer gezeichnet, der Wandel der Arbeitswelt überfordert viele Unternehmen und deren Akteure – plus jetzt noch die verordnete Nachhaltigkeit über politischen Druck und die Öffentlichkeit. All diese Aspekte wirken auf Unternehmen. Verbote und Kostensteigerungen prägen subjektiv viele Befürchtungen.

Wichtig ist, die Chancen der Nachhaltigkeit zu sehen und die eigene Strategie zu finden sowie zu entwickeln. Ein Hinausschieben auf die berühmte lange Bank ist nicht zielführend und die Gewinne des Early Adaptors können nicht realisiert werden. Nur gemeinsam mit den Mitarbeitern ist die Zukunft zu bewältigen!

Die Strategie muss von der Geschäftsleitung kommen und als „Chefsache" betrachtet und gelebt werden. Auch die Umsetzung muss geplant werden – vor allem müssen die Ressourcen dafür bereitgestellt werden. Die Stakeholder (hier die Mitarbeiter) haben in der Nachhaltigkeitsbetrachtung eine exponierte Stellung.

7. Nachhaltigkeit durch effizienten Materialeinsatz in der Produktion

Hilmar Heithorst, Dr. Harald Lampey

Nachhaltigkeit - Was heißt das eigentlich?

„Die Menschheit ist einer nachhaltigen Entwicklung fähig — sie kann gewährleisten, dass die Bedürfnisse der Gegenwart befriedigt werden, ohne die Möglichkeiten künftiger Generationen zur Befriedigung ihrer eigenen Bedürfnisse zu beeinträchtigen." (Brundlandt Bericht, 1987)

In den vorangegangenen Kapiteln dieses Buches wurden bereits ausführlich dargestellt:

- Die siebzehn Ziele zur Sicherung einer nachhaltigen Entwicklung auf ökonomischer, sozialer sowie ökologischer Ebene (SDGs[1]). Diese definieren die Themen, die für die Bewertung herangezogen werden können, ob eine (unternehmerische) Aktivität nachhaltig ist oder zur Verbesserung der Nachhaltigkeit beiträgt.

- Die verschiedenen Wege zum Aufbau eines Nachhaltigkeitsmanagements im Unternehmen.

- Die Methoden und Anforderungen an das Berichtswesen zur Dokumentation des aktuellen Standes und der Verbesserungen der eigenen Nachhaltigkeit (CSRD, DNK).

---

[1] Vergl. 17 UN Sustainable Development Goals (SDGs)

- Die verschiedenen Systemgrenzen, die man für die Bewertung der Nachhaltigkeit eines Produktes definieren kann (CO_2-Fußabdruck, Ökobilanz, die drei Scopes gemäß des GHG-Protokolls).

Hierbei wurde zumeist eine ganzheitliche, management-orientierte Perspektive eingenommen, die vielleicht noch für Mitarbeitende in Stabsfunktionen relevant ist. Der hohe Abstraktionsgrad lässt jedoch die operativen Bereiche eines Unternehmens häufig ratlos zurück.

Im Fokus des letzten Kapitels dieses Buches stehen daher die für das Endprodukt verantwortlichen Ebenen, also Vertrieb / Produktmanagement, Konstruktion, Einkauf und Produktion. Was bedeutet Nachhaltigkeit für ihre tägliche Arbeit?

Viele Themen waren immer schon präsent. Die Optimierung des Materialeinsatzes (Rohmaterial, Hilfsstoffe und Energie) oder auch die Optimierung von Produktionsprozessen bzw. Verfahren wurden immer schon beachtet. Allerdings erfolgt die Bewertung der Bemühungen in der Regel ausschließlich aus monetärer Sicht, also: „Was ist für das Unternehmen günstiger, verbessert die Rentabilität?" Auch eine Verbesserung der Qualität folgt letztlich dem Primat der Rentabilität: Höhere Qualität bedeutet weniger Ausschuss in der Produktion und weniger Reklamation durch den Endkunden.

Sofern Produktionsprozesse im Unternehmen stattfinden, müssen zusätzlich die am Standort geltenden Sicherheits- und Arbeitsschutzvorgaben beachtet und eingehalten werden.

Durch „Nachhaltigkeit" kommen jetzt neue Themen hinzu und bekannte Aufgabenstellungen müssen erweitert betrachtet werden. Für die Frage nach dem optimalen (Roh-)Material sind jetzt nicht nur mechanisch / physikalische sowie wirtschaftliche Kriterien zu beachten. Hinzu kommen Fragen nach der Wiederverwertbarkeit und dem (möglichst nachhaltigen) Prozess der Gewinnung / Erzeugung.

Zunächst als wirtschaftlich gut befundene Lösungen in der Produktion müssen unter dem Blickwinkel der Nachhaltigkeit neu bewertet werden. Ein gutes Beispiel hierfür ist das Verchromen oder generell das Galvanisieren bzw. Metallisieren von Oberflächen. Viele Jahre ein vermeintlich unbedenklicher Prozess. Nachdem verschiedene Produktionsmittel (z. B. Beiz- und Lösungsmittel) aus Gründen des Arbeits- und Umweltschutzes verboten und erhöhte Anforderungen an die maximale Belastung von Abwässern und Abluft definiert wurden, mussten die betroffenen Betriebe in neue Anlagentechnik investieren. Manche Standorte wurden geschlossen und die Produktion in Länder mit anderen Rahmenbedingungen verlegt.

Nachhaltigkeit als universelles Ziel für die globale Wirtschaft verstanden, erfordert hier eine kritische Bewertung von Produktionsverlagerungen. Neben der grundsätzlichen „Make or Buy"-Entscheidung ist auch zu hinterfragen, welche sozialen oder ökologischen Probleme vor Ort, z. B. gemessen an den SDGs, der vermeintlich günstigere Lieferant mit seiner Produktion in „Übersee" verursacht.

Die Lesenden mögen einwenden, dass ein lokales (in Europa) Primat für mehr Nachhaltigkeit einen Einfluss auf globale Lieferketten und die Wettbewerbsfähigkeit von Unternehmen in der EU haben wird. Die Bewertung und Behandlung dieser politischen Dimension müssen wir jedoch den entsprechenden Fachleuten überlassen.

„Handle nur nach derjenigen Maxime, durch die Du zugleich wollen kannst, dass sie ein allgemeines Gesetz werde." (Kant, Kritik der praktischen Vernunft, 1788)

Ohne Unternehmensstrategie geht es nicht!

Ein Unternehmen und seine Akteure wären wohl hoffnungslos überfordert, wenn alle Aspekte der Nachhaltigkeit jetzt, sofort und umfassend beachtet werden müssten. So wünschenswert dies vielleicht für das Leben auf unserem Planeten wäre, die Komplexität der verbundenen Fragestellungen entzieht sich einer kurzfristigen Bearbeitung und vor allem Lösung.

Die Bewertung der Nachhaltigkeit ist unmittelbar verknüpft mit dem Produktlebenszyklus. Der Startpunkt oder besser Startzeitraum ist, noch relativ gut zu definieren: Eine Fertigung wird aufgebaut, Material bestellt, das Produkt gefertigt und wartet im Lager auf seine Abholung. Bereits für die Optimierung dieses Startzeitraumes wäre es wichtig, zu wissen, bis zu welchem Endpunkt des Produktlebens die Betrachtung erfolgen soll.

Grundsätzlich stehen hierfür drei Modelle zur Auswahl:

1. **Cradle to User[2] (CtU)**
   Die Betrachtung endet mit der Auslieferung des Produktes an den Kunden. Mit diesem Modell wären alle Aspekte rund um die Fertigung, Energieverbrauch und Materialeinkauf berücksichtigt. Zudem die Logistik an den Kunden und alle Beteiligten entlang der Lieferketten.

   Für Güter, die nach Empfang durch den (End)Kunden rückstandslos verbraucht werden, wie zum Beispiel Lebensmittel (ohne Umverpackung), Strom / Fernwärme, verschiedene Dienstleistungen wäre dieses Modell somit ausreichend.

2. **Cradle to Grave (CtG)**
   Die Betrachtung endet mit dem Ende der Produktnutzung und seiner Entsorgung (nicht seiner Wiederverwertung). Auch bei diesem Modell sind wieder alle Aspekte rund um die Fertigung, Energieverbrauch, Materialeinkauf, Logistik und Lieferketten berücksichtigt. Zusätzlich müssen Aspekte während der Nutzung des Produktes in die Betrachtung aufgenommen werden.

---

[2] In der Literatur häufig als „Cradle to Customer" bezeichnet. Zur besseren Unterscheidung der Abkürzungen aller drei Modelle haben die Autoren „Customer" durch „User" ersetzt, was auch die finale Nutzung des Produktes besser wiedergibt.

Dieses Modell eignet sich für Produkte, die ohne weitere Auswirkungen auf die Umwelt genutzt und entsorgt werden können. „Ohne weitere Auswirkungen" ist die Entsorgung von Reststoffen jedoch nie. Im Gegensatz zu einer willkürlichen Entsorgung, man denke an die heute zu beobachtenden Müllberge in den Ozeanen, kann eine ordnungsgemäße Deponierung zumindest die Belastung der dadurch abgegrenzten Umwelt minimieren. Es bleibt jedoch eine Nicht-Nutzung von Rohstoffen und damit deren endgültiger Verbrauch.

Ziel muss jedoch die Etablierung einer Kreislaufwirtschaft sein, die sukzessive den Anteil der Materialien erhöht, die in gleichwertiger Weise wiederverwendet werden können. Das CtG-Modell eignet sich damit im Sinne der Nachhaltigkeit bestenfalls als Übergangslösung.

3. Cradle to Cradle (CtC)

Erst dieses Modell (s. Abb. 1) betrachtet, in Anlehnung an die biologischen Kreisläufe in der Natur, als anzustrebendes Ziel, ein System, bei dem am Ende keine Abfälle überbleiben, sondern jeder verwendete Rohstoff und jedes Teil im Kreislauf eine neue Verwendung findet.

Abbildung 1: Schema CtC, hier Kunststoffprodukte

Kreislaufwirtschaft ist hier ein weitgehend synonymer und ein seit vielen Jahren etablierter Begriff. Eine Mindestanforderung ist, dass im Produktlebenszyklus so wenige Ressourcen wie möglich benötigt werden, diese auf umweltschonende Form zu nachhaltigen und langlebigen Produkten verarbeitet werden und am Ende entweder kompostiert (wenn es organische Güter sind) oder durch chemische oder mechanische Prozesse sinnvoll wiederverwertet werden können.

Für eine optimale Bewertung der Nachhaltigkeit ist das CtC-Modell sicher der anspruchsvollste, aber auch der einzig zielführende Ansatz.

Ein kleiner Vorgriff auf das nachfolgende Kapitel: Viele Unternehmen werden beim Thema Kreislaufwirtschaft noch Aufgaben vor sich haben. Häufig steht unter der Überschrift „Recycling" ein „Downcycling", d. h., es gelingt zwar, Abfallprodukte einer Wiederverwendung zuzuführen, aber nicht auf dem ursprünglichen Qualitätsniveau. Dieses zu erreichen, erfordert meist zusätzliche Energie und andere Hilfs- und Betriebsstoffe die entsprechend berücksichtigt bzw. bilanziert werden müssen. Auch das Ziel eines „Upcyclings" wird formuliert. Hier sei jeder eingeladen, mal „Beispiel für Upcycling" in einschlägige Internetsuchmaschinen einzugeben. Aus Plastikmüll zusammengeklebte Primitivmöbel und mit Blumen bepflanzte Altreifen sind nur zwei der vielen ernüchternden Beispiele.

Damit die operativen Ebenen effektiv arbeiten können, müssen zunächst die (strategische) Entscheidung getroffen werden, was von „wo bis wo" betrachtet wird. Gemeint wird hier vor allem eine Priorisierung und die Erstellung einer Roadmap zur sukzessiven Weiterentwicklung und Verbesserung der Nachhaltigkeit. Die Konzentration auf Maßnahmen, die mit hohem Engagement wirksamkeitssteigernd umgesetzt werden, wird auch durch das Wesentlichkeitsprinzip (vergl. auch der DIN 26000) gedeckt.

Eine regelmäßige Berichterstattung macht kontinuierliche Verbesserungen, die Ziel des Nachhaltigkeitsmanagements sein sollten, transparent. Sind diese Verbesserungen mess- und in geeigneten Kennzahlen abbildbar, können diese selbsterklärend auch für Zwecke des Marketings eingesetzt werden.

Die kritische Auseinandersetzung mit „Nachhaltigkeit" und den entsprechenden Berichten der Unternehmen wird, in Fachkreisen wie in den sozialen Medien, deutlich zunehmen. Heute mag es noch gelingen, mit der Überbetonung von oberflächlichen Maßnahmen, dem Abwälzen auf Lieferanten oder einem rein monetären Aufbessern einer Ökobilanz[3] als marktgerecht wahrgenommen zu werden. Die laufende Diskussion zu Systemgrenzen, offene Fragen zur Genauigkeit von Emissionsdaten für den CO_2-Footprint oder methodische Gestaltungsspielräume für eine Ökobilanz können beispielhaft für einen gewissen zeitlichen Spielraum angeführt werden, der den Unternehmen noch bleibt, bis nicht nachhaltige Produkte und Prozesse nicht nur image-, sondern auch existenzgefährdend werden.

Nachhaltigkeit – Viel Einfluss für Konstruktion und Produktion

Die Road-Map steht, Maßnahmen sind priorisiert. Der nächste Schritt ist die Umsetzung von Kunden- bzw. Marktanforderung (Lastenheft) in eine Konstruktion und Spezifikation (Pflichtenheft).

Nachhaltigkeit oder besser deren Optimierung ist ein kontinuierlicher Prozess, bei dem alle Beteiligten Neues denken müssen. Daher ist es nicht unbedingt ein Vorteil, wenn das Lastenheft des Kunden detailliert und vollständig vorliegt. Weder Kunden- noch sorgfältig recherchierte Markt-Anforderungen sind a priori nachhaltig. Ein Beispiel aus dem Bereich (Convenience) Food: In kleine Portionen

---

[3] Vergl.: „Ein Strauß leerer Versprechungen", Astrid Geisler und Hannah Knuth, Die Zeit, 8.9.2022

verpackter Aufschnitt ist heute in jedem Kühlregal verfügbar. Die Kombination aus:

- Vom Handel geforderte Verkaufs- bzw. Haltbarkeit,

- dem Verbraucher angenehme Sichtbarkeit,

- Vom Gesetzgeber geforderte Hygiene- und Kennzeichnungsvorschriften

führten zu den heute gebräuchlichen Kunststoff-Mehrschicht-Verpackungen aus 100 % Neuware. Diese waren bis vor Kurzem nur energetisch (also mittels Verbrennung) verwertbar. Aktuell wäre ein chemisches Recycling (Abb. 2) und damit ein erneuter Einsatz als Lebensmittelverpackung möglich[4]. Noch sind aber die verfügbaren Kapazitäten zu gering und viele Verpackungen landen nach wie vor in der Verbrennung – wo sie als Ersatzbrennstoff zumindest den Verbrauch fossiler Brennstoff reduzieren.

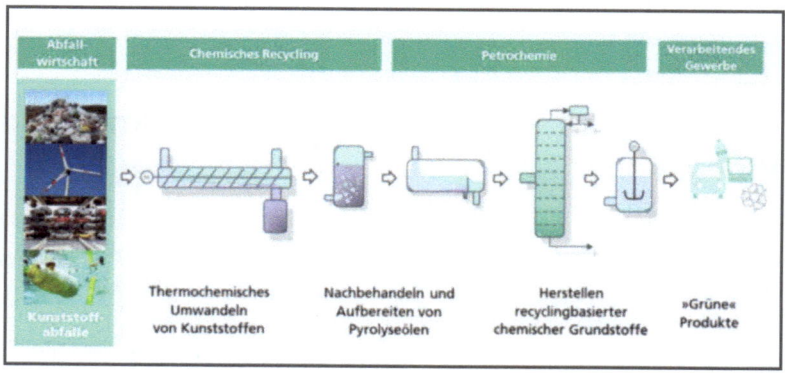

Abbildung 2: Konzept chemisches Recycling
(Quelle: Fraunhofer UMSICHT, Web-Seite)

Welchen Mehrpreis, auch in Form von reduzierter Bequemlichkeit, wäre der Markt bereit für eine nachhaltigere Lösung zu akzeptieren? Eine Frage, die nicht von einzelnen Unternehmen abschließend

---

[4] Vergl.: „Chemisches Recycling", Dr. J. Vogel et al, Publikation des Umweltbundesamtes, Juli 2020 oder auch auf der Webseite www.sonderabfall-wissen.de die Veröffentlichung „Chemisches Recycling: Was spricht dafür- und was dagegen"

beantwortet werden kann. Aber jeder Marktteilnehmer kann in seinem Umfeld nachhaltigere Optionen anregen und diskutieren.

Hier eine Sammlung möglicher Ansätze:

- Langlebige Konstruktion: Umlage der für die Herstellung aufgewendeten Ressourcen auf eine zu maximierende Nutzungsdauer durch intelligentes und nachhaltiges Design von Produkten und Wertstoffen (Beispiel: Waschmaschine mit 20 Jahre Nutzungsdauer oder Pkw mit 500.000 km Laufleistung als typischem Standard).

- Alternativ, kurzlebige Konstruktion: Verwendung von Modulen (z. B. Komponenten der Steuerung), die einfach ausgetauscht und an neue Entwicklungen angepasst werden können (vergl. Retrofit oder Second Live). Gleichzeitig optimale Zerlegbarkeit in Module, die erneut genutzt oder deren Werk- / Rohstoffe einfach recycelt werden können.

- Instandhaltung/Wartung: Gute Zugänglichkeiten, klare Anweisungen, um eine uneingeschränkte Verfügbarkeit über einen langen Zeitraum zu gewährleisten (Beispiel Haartrockner: Leicht zu öffnende Geräte mit Reinigungsplan).

- Reparatur: Schäden müssen reparabel sein, d. h. gute Verfügbarkeit und Austauschbarkeit von Ersatz-/Verschleißteilen (Beispiel: Mobiltelefon-Akku, dies ist inzwischen sogar EU-Gesetzgebung).

- Retrofit / Refurbishing / Generalüberholung: Überholung und Instandsetzung eines Produktes mit Nutzung von Modernisierungsmöglichkeiten bei ausgewählten Komponenten (Beispiel: Maschinen, Walzwerke, Gabelstapler)

- Second Live: Verlängerung der Lebensdauer durch Nutzung an anderer Stelle mit reduzierten Anforderungen (Abb. 3: Zweitverwendung von Batterien, erst im Pkw, dann als stationärer Energiespeicher.)

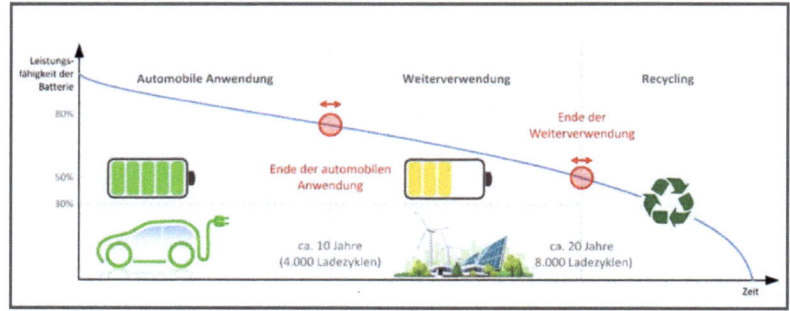

Abbildung 3: Beispiel Lebenszyklus Batterie
https://www.mawi.tu-darmstadt.de/df/forschung_16/
forschungszusammenarbeiten/re2lib/index.de.jsp)

- Recycling: Abfallprodukte werden wiederverwertet bzw. deren Bestandteile werden zu Sekundärrohstoffen. Das Recycling kann zwar nur der letzte Schritt sein, jedoch determiniert bereits die Auswahl von Materialien und deren Kombination bzw. Verbindung (verkleben, verschweißen, verschrauben) die Möglichkeit zum werkstofflichen Recycling.

Innovative Ideen, das gilt nicht nur für die Nachhaltigkeit, gelingen am besten im Team. Erst wenn alle Bereiche im Unternehmen, also Vertrieb / Produktmanagement, Konstruktion, Einkauf und Produktion, ihre Expertisen zusammenbringen, kann eine Kosten- und Nachhaltigkeitsoptimierte Spezifikation entstehen.

Ein Problem anderer Art stellen die sogenannten Angst-Spezifikationen dar. Um alle Eventualitäten auszuschließen, werden bei Auslegung (Konstruktion) und Spezifikation Vorgaben für Prozesse und Produkte besonders eng definiert. Zwei typische Beispiele:

- Die Toleranzen sind so eng gewählt, dass sie keine Standard-Produkte mehr erlauben, obwohl deren Einsatz problemlos möglich wäre.

134

- Die Einsatzbedingungen (z. B. Lastfall oder Gebrauchstemperaturen) sind so großzügig definiert, dass auch ein missbräuchlicher Gebrauch nicht unbedingt zum Versagen des Bauteils führt.

Viele Spezifikationen sind historisch gewachsen und werden nicht mehr hinterfragt. Angst-Spezifikation verursachen in der Regel einen höheren Aufwand an Ressourcen und damit auch an Kosten.

Zwei Beispiele aus unseren aktuellen Projekten:

Werkstoff für einen Konsumartikel: Für die Auslegung wurde eine Gebrauchstemperatur von max. 160 °C spezifiziert. Hintergrund waren Überlegungen, die Nutzer könnten den Artikel bei Gebrauch dauerhaft überhitzen. Basierend auf dieser Annahme wurde für die äußere Halterung eine Gebrauchstemperatur von 100 °C spezifiziert.

Als Konsequenz aus diesen Überlegungen wurde ein Kunststoff gewählt, der in der Automobilindustrie für mechanisch und thermisch belastete Verbindungen (z. B. Faltenbälge im Antriebsstrang) verwendet wird. Für die Halterung wurde ebenfalls ein technischer Kunststoff mit sehr guten mechanischen und thermischen Werten gewählt.

Mit der finalen Materialkombination war der Artikel nicht mehr ohne Weiteres für ein Recycling geeignet. Zum einen mussten Bauteile voneinander getrennt werden, zum anderen gab es für das Re-Granulat eines der Werkstoffe keinen Absatzmarkt.

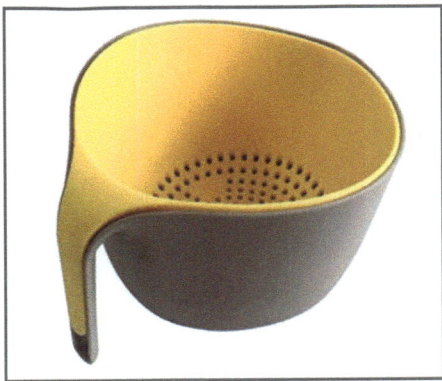

Abbildung 4: Beispiel Konsumartikel aus verschiedenen Bauteilen

Abgesichert durch Messungen und weitere Recherchen, wurde die Spezifikation der Gebrauchstemperaturen auf 100° C bzw. 50°C reduziert. Die auf dieser Basis neu ausgewählten Kunststoffe können nun gemeinsam recycliert werden. Das Re-Granulat findet als Rohstoff für technische Teile attraktive Absatzmärkte.

Zwei weitere positive Effekte: Der Materialeinsatz wurde um ca. 18 % und die Materialkosten des Artikels um ca. 30 % reduziert. Verbesserte Nachhaltigkeit und reduzierte Kosten!

Entbehrliche Wärmebehandlung in der Stahl-Halbzeug-Produktion: Für die in Abb. 4 markierte Griffstange zum einfacheren Zustieg in die Fahrerkabine, im Wesentlichen ein Stahlrohr, war der Wertschöpfungsweg sowohl kostenseitig als auch unter Nachhaltigkeitsaspekten zu prüfen.

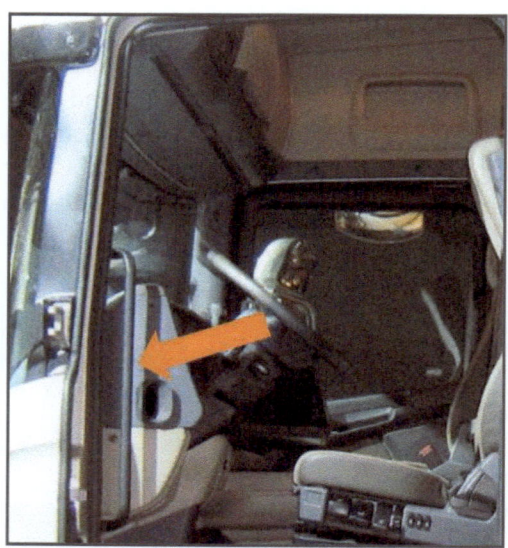

Interessant ist in diesem Zusammenhang, dass die Belange eines wirtschaftlichen Produktdesigns hier in keinerlei Widerspruch zu den Nachhaltigkeitsüberlegungen stehen. Für beide Betrachtungen gilt: Weniger ist mehr.

Im vorliegenden Fall hat sich eine zusätzliche Wärmebehandlung (Glühen des Rohres) als entbehrlich herausgestellt, da die vorgesehene Umformung mit dem typischen

Abbildung 5: Beispiel eines Konstruktionsbauteils aus dem Werkstoff Stahl

Gefüge des lediglich gewalzten Rohres problemlos möglich ist. Auch ohne nähere Bilanzierung ist der Vorteil, auf eine Erwärmung auf über 900 °C verzichten zu können, augenscheinlich, sowohl unter Kostengesichtspunkten als auch mit Blick auf den CO_2-Ausstoß.

Natürlich wird nicht immer die Lösung in einfachem Weglassen liegen können. Es gibt aber einen deutlichen Spielraum bei den Umformprozessen, die beispielsweise über die Umformgeschwindigkeit die Anforderungen an den Werkstoff herabsetzen können. Zwar muss in diesem Fall ein Anteil des betriebswirtschaftlichen Vorteils aus der entfallenen Wärmebehandlung in einen langsameren und damit vermutlich mit höheren Prozesskosten behafteten Fertigungsweg reinvestiert werden, aber eine deutliche höhere Nachhaltigkeit kann sicherlich zumindest kostenneutral realisiert werden.

Zum Abschluss noch einmal einen Blick auf das Thema Recycling und einen hier häufig vernachlässigt Aspekt: der Aufwand für Logistik- und Aufbereitung. Fangen wir leicht an, mit Kunststoffen und dem Konsumartikel.

Im Zuge der Projektbearbeitung kam der Vorschlag, den Artikel aus einem Bio-Kunststoff herzustellen. Kurz zur Begriffsklärung: Die zur Polymerisierung des betreffenden Kunststoffs benötigten Monomere werden aus nachwachsen Rohstoffen (z. B. Stärke, Milch-Säure, Rizinusöl) gewonnen. Der Kunststoff selbst ist jedoch nicht biologisch (z. B. durch Kompostierung) abbaubar. Der Lieferant des Polymers sagt zu, sich um das Recycling zu kümmern. Hierzu sollten die entsorgten Produkte eingesammelt und einem Verarbeiter in Asien zugeführt werden.

Alles nachhaltig? Wahrscheinlich nicht, wie folgende Überlegung zeigt: Der Artikel (Gewicht ca. 250 gr.) wird in Europa und den USA vertrieben und muss sortenrein gesammelt werden. Selbst bei einigen Tausend Artikeln pro Jahr und Land, was für derartige Artikel nicht sehr wahrscheinlich ist, wird dies am besten dadurch gelingen, dass die Kunden ihre Artikel per Post an eine Sammelstelle in ihrem Land / ihrer Region schicken (Aufwand für Verpackung und

Versand). Alternative bieten sich Sammelboxen am Point of Sale an, die ebenfalls abgeholt, sortiert und nach Artikel / Werkstoff getrennt weiter transportiert werden müssen. Von der Sammelstelle aus müssen die Artikel dann zum Verwerter nach Asien gelangen. Also ist erneut Verpackung und Logistik erforderlich. Eine Reinigung und Vorbereitung (d. h. das Zerkleinern der Artikel) wird sinnvollerweise erst beim Verwerter (dann in großer Menge) erfolgen. Bis zur endgültigen Verwertung muss also eine ganze Menge Hohlraum immer wieder verpackt und um die Welt geschickt werden. Ohne hier detailliert in die Ökobilanz der Logistikkette einsteigen zu können, der Aufwand für Verpackung und Logistik wird den Gewinn durch die Wiederverwendung des Rohstoffes überkompensieren. Eine Verbesserung im Sinne der Nachhaltigkeit ist nicht zu erwarten.

Wäre die bequeme Entsorgung über den Hausmüll oder dem Gelben Sack (nur in Teilen Europas verfügbar) eine Alternative? Leider auch nicht. Der Aufwand, aus vielen Kubikmetern Haus- oder auch Verpackungsmüll den relativ kleinen Anteil an genau diesem einen speziellen Artikel zu erkennen, auszusortieren und zu sammeln und dann dem Verwerter zuzuführen, steht ebenfalls nicht im Verhältnis zum eingesparten Rohstoff.

Ein etwas schwereres Beispiel: Recyclingbeton[5]

Die Qualität von Recyclingbeton (sog. RC-Beton) hängt vom angewendeten Aufbereitungsverfahren und dem Recyclingmaterial ab. Sowohl die Bestandteile des Granulats als auch die Korngrößenverteilung spielen eine Rolle. Zum Erhalt des ursprünglichen Qualitätsniveaus muss das Abbruchmaterial nach dem Brechen durch Siebklassierung und Sichten entsprechend den üblichen Kornfraktionen sortiert werden.

Nur dann kann Beton produziert werden, der auch den höheren Anforderungen im Hochbau entspricht. Zusätzlich müssen

---

[5] Quelle: https://de.wikipedia.org/wiki/Recyclingbeton

Schmutzpartikel aus dem Material herausgewaschen und es kann zusätzlich optisch getrennt werden. Werden die Schmutzpartikel im aufbereiteten Material belassen, wirkt sich dies negativ auf die Betonqualität aus. Der Qualitätsverlust wird in der Regel durch die Zugabe von Mehrzement kompensiert. Die größere Menge an Zement bewirkt dann eine schlechtere CO_2-Bilanz des RC-Betons.

Je nach Herstellungsverfahren ergibt sich somit eine unterschiedliche Ökobilanz des RC-Betons. Hinzu kommt der (bei Beton) hohe Aufwand für den Transport. Dies lässt sich schnell an folgender Rechnung erkennen: Bei nachhaltigster Aufbereitung (Nassaufbereitung, Rohmaterial Mischabbruch, optische Trennung), kann ein RC-Beton aus ökologischer Sicht laut UMTEC[6], gemessen an UBP (Umweltbelastungspunkte) Methode der ökologischen Knappheit bis zu maximal 135 km weiter transportiert werden als ein Primärbeton. Oder anders ausgedrückt, nur bei einer ortsnahen Verwendung (Baustelle nahe der Recycling-Anlage) kommen die Vorteile des Recyclings optimal zum Tragen.

Zusammenfassung kann festgehalten werden:

1) Eine kritische Prüfung der (vermeintlich) geforderten Produkt-Eigenschaften kann sowohl zu nachhaltigeren als auch wirtschaftlicheren und preiswerteren Prozessen führen.

2) Ressourcenschonung weist in den allermeisten Fällen sowohl ökologische wie auch ökonomische Vorteile auf. Eine höhere Effizienz in der Nutzung von direkten oder indirekten Materialien kann beispielsweise durch energetisch optimierte Prozesse, durch eine Verschnitt- oder Ausschussminimierung oder durch ein zielgerichtetes Re-Design der Produkte erreicht werden.

---

[6] Institut für Umwelt- und Verfahrenstechnik an der Ost-Schweizer Fachhochschule Rapperswill

3) Ein möglichst enges Schließen der Schleife innerhalb der Kreislaufwirtschaft (vgl. Abb. 6) ist anzustreben.

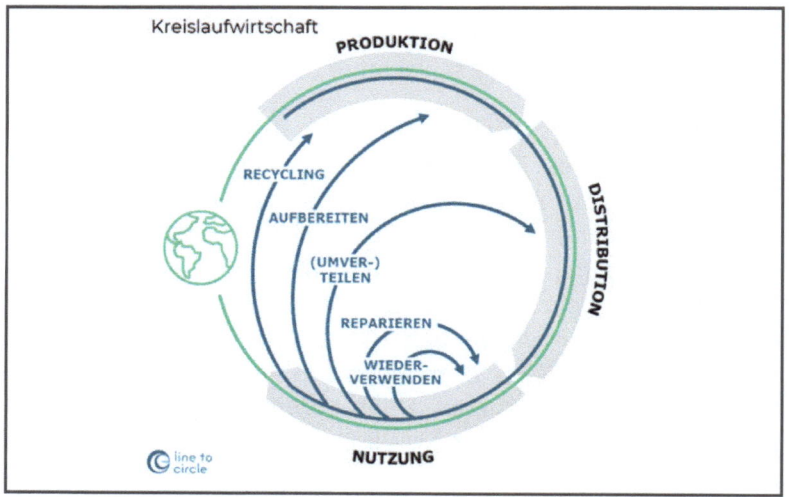

Abbildung 6: Optimales System einer Kreislaufwirtschaft
(Quelle:linetocircle.de/kreislaufwirtschaft-ueberblick)

Ausblick

Liebe Leserinnen und Leser, wir hoffen, dass wir mit diesen Artikeln rund um das Thema Nachhaltigkeit für Sie einen ersten Grundstein legen konnten, sich intensiver damit auseinanderzusetzen. Aus unserer Sicht ist und bleibt Nachhaltigkeit das Thema des Jahrzehnts. In diesem Jahrzehnt haben wir mit der Pandemie und dem Krieg in der Ukraine schon etliche Krisen gesehen. Nachhaltigkeit ist allerdings das, was alles überstrahlt, sichert es doch uns, unseren Kindern und Enkeln das Leben auf unserem Planeten.

Viele Unternehmen sind noch ganz am Anfang der Reise. Aktuelle Studien zeigen, dass viele Unternehmen zwar wissen, dass sie sich auf diese Reise begeben müssen, allerdings ist vielen nicht klar, welche Route die richtige ist. Zu intransparent sind die vielen, sich teilweise widersprechenden Informationen. Hier wäre es an der Zeit, dass auch der Gesetzgeber auf nationaler oder europäischer Ebene klarere Vorgaben macht, die auch für Unternehmen ohne großen Stab umsetzbar sind. Denn auf die Unternehmen werden noch einige Herausforderungen warten. Drei dieser Herausforderungen haben wir hier für Sie nochmal zusammengefasst.

Lieferkettensorgfaltspflichtengesetz:

Mit dem sogenannten Lieferkettengesetz werden konkrete Anforderungen an Unternehmen definiert, Menschenrechte entlang der Lieferkette einzuhalten. Ab 2023 gilt dies für Unternehmen mit mehr als 3.000, ab 2024 mit mehr als 1.000 Mitarbeitenden. Wir erwarten, dass diese Anforderungen direkt oder indirekt auch an kleinere Unternehmen weitergegeben werden.

CSR Berichtspflicht (CSR Richtlinie-Umsetzungs-gesetz, CSR-RUG)

Unternehmen sind seit 2017 nach dem CSR-RUG der Bundes-regierung dazu verpflichtet, ihre Nachhaltigkeitsleistung zu messen, zu verbessern und zu dokumentieren. Betroffen davon sind kapital-marktorientierte Unternehmen mit mehr als 500 Mitarbeitenden und Umsatzerlösen bzw. einer Bilanzsumme von mehr als 40/20 Millionen Euro sowie alle Banken und Versicherungen. Zudem sind kleine und mittlere Unternehmen indirekt betroffen, da sie z. B. als Zulieferer die Anforderungen berichtspflichtiger Unternehmen erfüllen müssen.

Ab 2024 werden voraussichtlich alle Unternehmen ab 250 Mitarbeitenden und mehr als 20 Mio. € Bilanzsumme bzw. 40 Mio. € Umsatz unabhängig von ihrer Kapitalmarktorientierung berichtspflichtig.

EU-Taxonomieverordnung (EU-Verordnung 2020/852)

Aktuell ist der Spielraum für Greenwashing besonders bei Finanz-produkten sehr groß. Durch die EU-Taxonomie müssen Produkte und Dienstleistungen ab 2022 bestimmte Kriterien erfüllen, um als "nachhaltig" zu gelten. In Form einer nichtfinanziellen Erklärung muss das betroffene Unternehmen die Auswirkungen auf Umwelt- und Sozialbelange darlegen. Betroffen davon sind kapitalmarktorientierte Unternehmen mit mehr als 500 Beschäftigten.

Natürlich verspüren nicht alle Unternehmen den gleichen Druck, nachhaltiger zu werden. Dienstleistungsorganisationen haben sicherlich aufgrund ihrer kurzen Lieferketten einen deutlich gerin-geren externen Druck. Allerdings sollten diese Unternehmen auch aktiv werden, ansonsten könnten sie beim „War of Talents" die hinteren Plätze belegen. Produzierende Unternehmen werden gerade in der aktuellen Lage versuchen, durch das nachhaltige Nutzen der (Energie-)Ressourcen den Kostendruck zu reduzieren. Beim Handel wiederrum geht es darum, den Kunden mit nachhaltigen Produkten zu überzeugen.

Wichtig ist, dass jetzt gehandelt wird. Unternehmen, die diesen Zug verpassen, drohen langfristig den Anschluss zu verlieren. Daher möchten wir Sie ermutigen, aktiv zu werden und sich mit dem Thema Nachhaltigkeit intensiv zu beschäftigen. Wir unterstützen Sie als Sparringspartner gerne dabei — sei es bei der Entwicklung einer Nachhaltigkeitsstrategie, der Reduzierung des CO_2-Fußabruckes, dem Umgang mit der ISO 26000, der Erstellung eines Nachhaltigkeitsberichtes, der nachhaltigeren Gestaltung von Verpackungen und Kunststoff/Metall-Teilen oder der Entwicklung einer HR-Strategie. In welchen Bereichen Sie auch aktiv werden wollen, ein Blick von außen hilft, gute Resultate zu erzielen.

Ihr Team von Expense Reduction Analysts

Die Autoren

Thomas Brunner

Thomas Brunner berät die Kunden von Expense Reduction Analysts zu den Themen Nachhaltigkeit, Prozessoptimierung, strategische Ausrichtung des Einkaufs und zu ausgewählten Einkaufsthemen (z.B. Telekommunikation). Dabei wurden in den letzten 12 Jahren in mehreren 100 Projekten signifikante Effizienzsteigerungen und Kosteneinsparungen erfolgreich umgesetzt.

In seiner beruflichen Laufbahn hat er in mittelständischen Unternehmen Geschäftsführungstätigkeit wahrgenommen und dabei u.a. Unternehmen erfolgreich geführt, restrukturiert und internationale Einkaufsstrukturen aufgebaut und optimiert. Im Bereich der Unternehmensberatung hat er vor seiner Tätigkeit bei Expense Reduction Analysts Change Management Projekte v.a. in großen mittelständischen Unternehmen und Konzernen begleitet.

Thomas Brunner ist Diplom-Kaufmann mit Studium an der Ludwig-Maximilians-Universität in München und hat einen MBA der Open University in Milton Keynes.

Claus Eberling

Claus Eberling verfügt über langjährige internationale Vertriebs- und Geschäftsführungserfahrung in der Konsumgüterindustrie für Güter des alltäglichen Bedarfs sowie langlebiger Gebrauchsgüter. Er war fast 30 Jahre in ergebnisverantwortlichen Positionen u.a. bei Procter & Gamble und der Masco Corporation tätig.

Mehrfach hat er in seiner Laufbahn eigenverantwortlich neue Geschäftsfelder aufgebaut und später im Mittelstand als Geschäftsführer Unternehmen entlang der gesamten

Wertschöpfungskette erfolgreich optimiert. Aufgrund seiner Expertise ist Herrn Eberling wichtig in Zusammenarbeit mit den Kunden erfolgreiche Lösungen zu entwickeln und diese gemeinsam zu implementieren.

Claus Eberling ist Diplom-Ökonom mit Studium an der Justus-Liebig Universität Gießen und zertifizierter Nachhaltigkeitsmanager (TÜV).

Hilmar Heithorst

Hilmar Heithorst ist seit fast 30 Jahren in der Kunststoffindustrie zu Hause. Nach seinem Maschinenbau-Studium an der RWTH und dem IKV (Institut für Kunststoffverabeitung) in Aachen hat er viele Jahre interdisziplinäre und internationale Teams bei der Spezifikation und Umsetzung von Optimierungsprozessen geführt. Nach seiner Erfahrung greift die Fokussierung auf die Senkung einzelner Kostenarten häufig zu kurz.

Erst die Optimierung der Prozesskette als Ergebnis einer strukturierten Teamarbeit sichert die langfristige Kostenreduktion. Hierbei bildet die vertrauensvolle Zusammenarbeit interner und externer Know-how-Träger die Basis für eine erfolgreiche Lösung, die zum Kunden passt und den Erfolg in der dynamischen Kunststoffbranche nachhaltig sichert.

Dr. Harald Lampey

Dr. Harald Lampey ist seit 2009 Partner der Expense Reduction Analysts. Promotion und langjährige technische Leitungsaufgaben in der stahlerzeugenden und metallverarbeitenden Industrie sind Basis seiner Expertise zur Beschaffungsoptimierung von Halbzeugen und Baugruppen aus Stahl und NE-Metallen. Beispiele aus zahlreichen Projekten vom Baustahl bis zu hochlegierten Edelstählen sind Fein- oder Grobbleche, Spaltbänder, nahtlose Präzisionsrohre, geschweißte Starkwandrohre, Drähte, schwere Stahlträger, vom

Schmiede-Rohling bis zum kompletten Gehäuse für elektronische Geräte. Ein weiterer Schwerpunkt ist die Optimierung von Prozessen, sowohl organisatorisch wie bei Neustrukturierungen des Einkaufs, technisch zur Kosten- oder Qualitätsverbesserung in der Produktion, sowie in der Intralogistik zur Optimierung des innerbetrieblichen Materialflusses bei Transport, Lagerung oder Kommissionierung.

Harald Meyer

Harald Meyer ist bei Expense Reduction Analysts verantwortlich für Geschäftsentwicklung auf Basis von Verticals und betreut Kundenprojekte als Projektmanager.

Zuvor war er Management-Berater bei Deloitte und Price-waterhouseCoopers und über 10 Jahre bei der Allianz-Vermögensverwaltung verantwortlich für strategische Projekte, Service und Vertriebsunterstützung.

Harald Meyer studierte Informatik & Betriebswirtschaftslehre und absolvierte das Executive-Programm der European School of Management and Technology (ESMT).

Armin Pinl

Armin Pinl verfügt über mehr als 30 Jahre Erfahrung in der Verpackungsindustrie in 21 Ländern (EU, USA, Canada). Dabei hat er in vielen internationalen Unternehmen gearbeitet. Sein Spezialgebiet ist die Entwicklung von automatisierten Verpackungsprozessen, Material- und Designoptimierungen, On-Demand-Lösungen und Lean-Verpackungslösungen sowie das Überarbeiten bestehender Verpackungsportfolien in Richtung mehr Nachhaltigkeit.

Seit 2013 hat Pinl bei Expense Reduction Analysts weit über 300 Projekte zusammen mit den Unternehmen durchgeführt und implementiert.

Hans Knut Raue

Hans Knut Raue ist ausgebildeter Wirtschaftsingenieur (Fachrichtung Maschinenbau). In seiner abwechslungsreichen beruflichen Laufbahn hat er während der vergangenen 25 Jahre in unterschiedlichen Branchen Erfahrung gesammelt. Seine Ausbildung und sein Berufsweg haben ihn einige Jahre ins Ausland geführt (USA, Italien, Schweiz). Besonders angetan hat es ihm aber die Raumfahrtindustrie, in der er verschiedene Vertriebspositionen innehatte. Zuletzt hat er für fast 8 Jahre bei der Firma Jena-Optronik, u.a. als Vertriebsleiter, zu den Sternen gegriffen. Bei Expense Reduction Analysts ist er vorwiegend als Key Account Manager und Projektmanager tätig. Als Nachhaltigkeitsmanager (TÜV) berät er aber auch Firmen rund um das Thema unternehmerische Nachhaltigkeit.

Robert Simon

Robert Simon arbeitete nach seinem Studium zum Dipl. Betriebswirt (FH) mit dem Schwerpunkt Rechnungswesen und Controlling in Führungspositionen im Personal- und Finanz- bzw. Rechnungswesen, u. a. als kaufmännischer Leiter in einem mittelständischen Handelsunternehmen und später als Führungskraft in der Zeitarbeit.

Robert Simon kann auf mehr als zwei Jahrzehnte Erfahrung im Bereich Rekrutierung, Personalentwicklung / Weiterbildung, Unternehmenskultur, Personalvermittlung und Zeitarbeit zurückgreifen. Regelmäßige berufliche Fortbildungen, beispielsweise Wirtschaftsmediation, Unternehmenskultur, strategische Unternehmensplanung, CAS Studium Wirtschaftsethik und Nachhaltigkeitsmanager (TÜV) runden sein Profil ab. Bei Expense

Reduction Analysts ist Simon seit 2012 in den Bereichen Rekrutierung, Zeitarbeit, Outsourcing, Prozessoptimierung, Personalentwicklung, Mitarbeiterbindungskonzepte, Employer-Branding erfolgreich tätig. Neben der Kostenoptimierung legt Robert Simon den Fokus auf Transparenz, zuverlässige und pass-genaue Rekrutierung, Verbesserung der Besetzungsqualität, Mitarbeiterzufriedenheit und Prozessoptimierung.